今日も寄席に行きたくなって

新潮社

南沢奈央

漫画・黒田硫黄

マクラのはなし

その話をすると、体温が一度上がる。

つい最近も、一緒に仕事をしている方と、共通の趣味だということが判明して、お互いにテンションが上がってあれやこれやと話していたら、周りにいた人から、頬が紅潮していると指摘された。めったに顔に汗をかかないタイプなのに、そのときは顔にしっとり汗をかいていた。そして、ほくほくとしていた。

だって、高校時代から通学中のお供だったし、大学時代も同級生がサークル活動をしている中、ひとり寄り道して楽しんだ。コロナ禍のステイホーム中もどれだけ救われたことか。近年では、有難いことに仕事で関わらせてもらうことも増えたし、相変わらず休みの日ができたら、まずこのことを考える。

もはや生活の一部になっている。

大好きなお蕎麦や鰻を食べるとき、タクシーに乗るとき、鍼灸に行くとき、銭湯に行くとき、お酒を飲むとき。日常の中でふと思い出し、ふっと笑みが漏れる。お花見の季節も、祭りの季節も、月見の季節も、年末年始も。それは四季折々に現れる。いつも、わたしたちのそばにあるのだ。

出会ってから、わたしは人生観が変わった。失敗するのがこわいと思っていた臆病な自分が、変わることができた。

その世界の住人たちは、ダメなところも抜けているところもたくさんある。だけど、みんな前向きで、明るくて、楽しく生きている。愛すべき人たちなのだ。どんな人間でも肯定してくれるような世界に触れて、いつの間にかわたしも、自分自身のダメなところも失敗も、愛せるようになっていた。

人生を豊かにしてくれるもので、何よりも、心の底から笑わせてくれるもの。

好きになってから15年以上になるが、いまだ飽きることはないし、いつも新鮮な景色を見せてくれる。きっと、一生の趣味になることだろう。

わたしにとって、それが落語。

そんな落語によって心動かされた瞬間を、切り取りました。何かみなさんの琴線に触れるものがあって、一歩でも落語に近づいてもらえたら、またわたしの体温は一度上がることでしょう。

もくじ

今日も寄席に行きたくなって

落語とわたしのカンケイ

落語が好きだと言うと、まず、「あ、笑点？」と言われることが結構ある。

多くの人は、落語を団体芸だと思っているのだろうか。まぁかく言うわたしも、落語をちゃんと知る前は、「あ、笑点？」側の人間だったので責める気は全くない。

中学生の頃、学校で行われた古典芸能鑑賞会に、林家木久扇師匠（当時・木久蔵師匠）がいらっしゃったことがあった。「あ、木久蔵ラーメンの人だ！」とテンションが上がったのと同時に、「あれ、一人でやるの？」と拍子抜けしたことを覚えている。

体育館の舞台上で、大喜利ではなく落語が始まった瞬間、ミーハー心も戸惑いも吹っ飛んだ。笑うだけ笑った。……のだが、何の噺を聴いたか、記憶も吹っ飛んでいる

（誠に申し訳ありません）。思えばこれが、わたしの人生最初の落語体験だった。

能動的に落語を聴くようになったのは、高校に入ってからだ。

現代文の授業で読書感想文を書く課題が出た。指定された数冊の中から選んだのが、佐藤多佳子さんの『しゃべれども しゃべれども』だった。この選択でわたしの人生が大きく変わっていったのだと思うと、どこに人生の分岐点があるか分からない。

この小説の主人公は、噺家だ。前座修業を終えて真打になる手前、〝二ツ目〟の今昔亭三つ葉。彼の元に、それぞれ問題を抱えた4人が集まり、落語指南を受ける。吃音に悩むテニスコーチ、ツンとして無口な美女、学校で虐められている関西弁の小学生、うまく喋れない野球解説者。

それぞれの気持ちが、痛いほど分かった。

不器用な彼らは、今のわたしそのものじゃないか。

女優の仕事を始めたはいいが、人見知り、口下手であがり症の女子高生。

落語を通じて成長していく4人に、自分を重ねていった。

ああ、わたしも落語を知れば、ちょっとは変われるのかもしれない。

救いを求めるようにして、図書室へ向かった。読書が好きで図書室にしょっちゅう通っていたわたしは、落語の棚があるのを知っていた。

ずらりと並ぶ、名人たちのCD。どれを選んだらいいかなんて全く見当もつかない。くじ引きをするように、棚から一枚取った。

「火焔太鼓《かえんだいこ》」。よりによって、読み方すら分からないものを選んでいた。演者は「五代目古今亭志ん生」とある。ちょっとひるんだが、勢いに任せて図書室にあるパソコンで再生した。

お三味線の音。ゆったりと柔らかい声が入る。どうぐや。突然会話が始まる。テンポが変わっていく。しばち。太鼓。どこどんどん。かえんだいこ。三百両。はんしょう。おじゃんになりゃあ。笑い声、拍手。

……な、なにを言っているのか、分からない。

志ん生師匠の落語を初めて聴いた第一印象はこれだ。志ん生と言えば、2019年のNHK大河ドラマ「いだてん～東京オリムピック噺《ばなし》～」でビートたけしさんが演じたことでも話題となった、戦後の東京落語界を代表する落語家の一人である。

知らない言葉がたくさん出てきた。だから、そもそもうまく聞き取れない。なんのこっちゃ、よく分からなかった。なのになぜだか、笑っていた。わたしが落語に魅了された瞬間だった。

携帯音楽プレーヤーに落語のCDを入れて、通学時間に聴きまくった。落語があれば、眠い早朝の電車だって、帰宅ラッシュの満員電車だって、楽しかった。今思えば、毎日にやにやしている、怪しい高校生だったかもしれない。

だがやがて、耳で落語を聴いてばかりで、気になることが出てきた。一緒に収録されている観客の笑い声だ。自分が笑うタイミングとほとんど同じだが、たまに同じタイミングで笑えない部分があるのだ。それは〝間〟があるところだ。〝間〟自体が面白くてクスクスと笑うことはあるが、急にどっと笑いが起きるような〝間〟があるのだ。一体そこで何が起きているのかと、うずうずが止まらない。

それはもう想像するに、きっと噺家さんに何か動きがあるに違いない。そう思うと、音だけでなく、映像で見たくなってくる。その当時はまだガラケーだったし、ネットで検索して動画を見るなんてことは思い付かず、DVDを借りて家で観る。するとやはり、面白い動きや表情をしていたりする。しかも同じ噺なのに噺家さんによって、全然魅せ方が違う！　そうなると今度は空気を生で感じたい……！

大学生になって、ついに寄席デビューを果たした。

行くと決めた日の前日から、そわそわとしていた。どこへ、何時に、何を持って、何を着て、行けばいいの！　まるで初デートだ。

初めて行ったのは、浅草演芸ホール。いくら調べても、特別な持ち物は必要なさそうだったので、結局普通の洋服で何も持たずに行った。

客席に入ってすぐに、一生懸命寄席に来る準備をしようとしていた自分が恥ずかしくなった。お菓子をつまんでいる人、缶ビールを飲んでいる人、うたた寝している人、何かをメモしている人。いざ始まっても、お客さんはそれぞれの方法でリラックスしていた。そこにいる全員の肩の力が抜けているのを感じた。

笑いに来ているんだ。緊張したら損だ。気づいた時にはもう、何の気も遣わずに声を出して笑っていた。

入れ代わり立ち代わり、何人もの噺家さんが登場した。しかも何の噺が出るか分からない。あんなにCDで落語を聴いていたけれど、初めて聴く落語がいくつもあった。だけどCDやDVDよりも、景色が目の前に確かに見えた気がした。耳や目だけでなく、肌で落語を楽しむことができたと思った。

落語の間には、物まねや漫才、マジックや曲芸など、〝色物〟と言われる落語以外の芸が入る。色物について今語り始めると、夜が更けそうなのでまたの機会にするが、これもまた面白い上に、見ごたえ十分。

昼の部、5時間弱があっという間に終わった。こんなに長い時間、笑い続けていたのは人生で初めてだった。浅草演芸ホールを出たとき、遊園地で一日遊んだ帰りのような心持だった。高揚した余韻に浸りながら、心地の良い疲れを全身に感じていた。

その晩は、大学の課題も諦めて、ぐっすりと眠りについた。

こんな風にして、最近落語を聴いているんだという話を、仕事の現場や取材ですると、周りは妙に興味を持ってくれた。

そして、みな質問してくれた。

「どういうきっかけで、落語を好きになったの？」

そう聞かれたときにわたしが話すのは、自分の落語人生の原点である、佐藤多佳子さんの『しゃべれども しゃべれども』のこと。

だけど本当に言いたいのは、落語を好きになる瞬間は、たくさんあるということ。落語を聴くようになって15年以上になるけれど、まだまだ知らない世界がたくさんある。いまだに落語に触れるたび、初めて志ん生を聴いたときのような、初めて寄席に行ったあの日のような、新鮮なときめきがある。ときめき続けている。

落語とわたしのカンケイ。きっとこれを、恋と呼ぶのでしょう。わたしの片思いじゃないといいけれど。

若旦那の恋煩い

ラブレターが欲しい。

こんなこと、口に出すものじゃないことは分かっている。でも、もしかしたら分かってくれる人もいるのではと、思い切って胸のうちを吐露してしまいました。

そもそも、「ラブレター」という言葉自体、近頃あまり聞かなくなった気がする。それはわたしが大人になったからだろうか、それとも時代だろうか。

小学生の時、ラブレターを書いて好きな人に渡したことがある。勇気を出して告白に近い言葉を書いて、さらに勇気を出して渡したのだ。だがその後、返事どころか直接会っても何の反応もない。時間が経つうち、悲しいを通り越してムカついてきた。だからその時わたしは、もうラブレターなんて書くまいと心に決めたのだった。

とは言いつつ、中学生になって、懲りずにまた憧れの先輩にラブレターを書いたことがある。正確には、ラブを控えめにしたレター。小学生の時の経験を生かして、反応がなくても気にしないくらいの軽めの内容にして、その人の下駄箱に入れた。

ラブレターを好きな人の下駄箱に忍ばせる、なんていう文化も今、もうないのかなぁ。「放課後、体育館裏で」的なメッセージをノートの端に走り書きして、その部分だけ破ってこっそり渡したりとか。

実はわたしの下駄箱にも、手紙が入っていたことがある。

朝学校に来て、上履きの上に綺麗に折りたたまれた紙が置かれているのを見つけた時は、蒸気が出たのではないかと思うくらいに顔が熱くなった。その場ですぐに中身を読みたい気持ちを抑えて、まるでハンカチを仕舞うかのように何気なく制服のポケットに入れる。教室にたどり着くまで、何度も何度もスカートの上からその感触を確かめながら、周りを意識する。

一体、誰からの手紙だろう。休み時間になったらトイレに行って読もうと思っていたが、どうしても我慢できなくて結局授業中、教科書の上でこっそり開いた。

一体、誰だろう。そこにあったのは、知らない名前だった。相手はわたしのことを知ってくれているというのにピンと来ていないのは失礼かもしれないが、仕方ない。学年も違えば部活も違う。まったく接点のない人だったのだ。廊下で見かけて、仲良くなりたい、と思ってくれたのだそう。自分で言うのもなんだが、一目惚れをしていただいたのだ。名前と字からどんな人かを想像していたら、授業が終わっていた。

こんな甘酸っぱい思い出が蘇り、開口一番、ラブレターが欲しいなぞ言ってしまったのは、「崇徳院《すとくいん》」という落語を聴いたからだ。

この噺に登場するのは、恋煩いをしている若旦那。

「恋煩い」という言葉もそういえば、最近あまり耳にしない。恋するがあまり、その人のことばかりを考えてしまって、食欲や気力がなくなって、寝込んでしまう。「恋の病」と言ったりもするが、失恋ではなく恋愛中にそこまで気を病んでしまうなんて、自分では考えられない。少しばかり憧れる。

恋で悩んでいるとは、恥ずかしくて言えない。だから医者に診てもらっても原因が分からず、果てにはあと5日ももたないかもしれない、と言われているのが、この若旦那。

恋煩いをしてしまうのは、どんな人なのだろう。

真面目だとか心配性であるという性格など、色んな要素があるかもしれないが、その人が「恋愛経験が少ない」というのは大きいかもしれない。恋愛において、相手に対しても自分の気持ちに対してもどう対処していったらいいのか分からなくなり、思い悩む。恋愛に慣れていないからこそ、起こる病なのだ。

今まで何気なくこの落語を聴いて楽しんできたが、「恋煩いをする」真実味を考えてみると、〝若旦那〟という設定がミソだ。十代目金原亭馬生師匠は、この落語のマクラで箱入り息子と箱入り娘の話をしているが、なるほど合点がいった。

恋愛に不慣れがゆえ、恋煩いをしている若旦那。そして、恋で思い悩んでいるとも知らずに具合の悪い息子の心配をしている父親。医者には「思いごとが叶えば治る」と言われている。父親は、若旦那の幼馴染である熊さんを呼び、思いごとを聞き出してこいと頼む。

威勢が良くて調子者の熊さんが会いに来るが、若旦那は本当に弱りきっている。どうにか訳を聞き出すと、悩んでいた事情はこうだった。

20日ほど前に出かけた先の茶店で、美しい娘を見かけて一目惚れ。「恋の始まりはハンカチから」なんていう一度は憧れたドラマチックな展開も今伝わるかわからないが、まさに彼女が落とした茶帛紗《ちゃぶくさ》という茶道で使う布を拾ってあげた。すると相手は、ある歌の上の句だけを書いて若旦那に手渡して、去ってしまった。そこに書かれていたのは、「瀬をはやみ　岩にせかるる　滝川の」という百人一首にある崇徳院の和歌。下の句は「われても末に　あはむとぞ思ふ」と続く。今は別れてもいつかはきっと逢いましょう、という意味が読み取れる。まさにラブレターだ。完全に心を射抜かれた若旦那だが、彼女がどこの誰かも分からず、会えないで苦しんでいるのだと言う。

この話を父親に報告すると、何がなんでもその娘を探してきてほしいと懇願される。探してこられたら、借金は棒引きして、住んでいる長屋も全部あげるし、さらに十両のお礼もすると言われる。さすが大家の旦那、大奮発だ。

幼馴染のために、ではなく、親旦那からの褒美が目的で探し始めるのは、人間味が出ていて非常に落語的だ。

熊さんは、血眼になって娘を探す。だが手掛かりは、崇徳院の和歌しかない。とにかく「瀬をはやみ〜」と叫びながら町を歩き、ウワサ話がよくされる風呂屋と床屋を何十軒もまわっていく。

親旦那はもちろん、家に帰れば妻からもプレッシャーをかけられる始末。初めは躊躇《ためら》いながらの捜索だったのが、覚悟を決め、必死になって、でも見つからず、みるみる疲弊していくという熊さんの心情が、「瀬をはやみ〜」の声色の変化で見えてくる。熊さんの奮闘ぶりが可笑しい一席だ。

実はこの「崇徳院」、他にもほとんど筋が同じ「花見扇」「皿屋」という演題もある。と言うのも、落語の中の登場人物や設定など、演じる落語家によってバリエーションがいくつもあるのだ。

上方の桂枝雀師匠のものを聴くと、もちろん舞台は大阪になり、若旦那と娘が出会うのは、〝高津《こうづ》さん〟こと高津神社に参詣しに行ったとき。東京の古今亭志ん朝師匠が演じると、舞台が上野の〝清水《きよみず》さん〟こと清水観音堂になる。

東京と上方で場所の設定が変わるのは当たり前のことだが、シチュエーションが大きく変わることもある。向島へ花見に行ったときに出会う、こう演じたのが馬生師匠。しかも若旦那も娘の方もばあやと連れ立って来た、という設定によって、先ほどの「箱入り息子箱入り娘」感がより表れている。この後茶店で出会うという流れに戻り、馬生師匠は「崇徳院」という題でやっていたそうだが、花見に行った先で、お互いの丁稚《でっち》同士で喧嘩になり、仲裁に入った若旦那に娘が扇に和歌を書いて渡すという流れになるものを「花見扇」と呼ぶ、らしい。サゲ、つまり噺のオチも崇徳院とは異なってくるようだが、わたしはまだ「花見扇」バージョンに出会ったことがないので、花見の季節に聴いてみたい。

和歌を書きつけるものにも様々なバリエーションがある。扇以外にも、志ん朝師匠は短冊を使っていたし、他にも色紙などが出る。だが、桂米朝師匠はあえて、娘の手掛かりをなくすために、茶店に置いてあった料紙《りょうし》に書く、という設定にしたのだといろう。その弟子である枝雀師匠も料紙を使っていて、「リョウシ？　狩人？」という小ネタ、いわゆるくすぐりも入れ、笑いポイントが増えている。

くすぐりで言えば、「崇徳院」という名前を思い出せない熊さんが、それっぽい単語を適当に言うところで、「人食い？」と急に出てくる恐ろしいものから、「水団食《すいとん》う？」という間抜けなものまで、演じ手のキャラクターによって変えられていて面白い。

枝雀師匠の熊さんは若旦那の前ではかなり威勢がよいのだが、親旦那の勢いには負けて、娘が見つかるまで帰ってくるなとばかりに首からおひつを、腰には草鞋を二足ぶら下げられ、外へ出される。一旦家に帰ったら帰ったでおかみさんから、「なんちゅう恰好してんの！　顔はバケツみたいな顔して！」と、またまたおかみさんの押しに負けて外に出される。娘を探すため町を歩いていると、子どもや犬に絡まれるという描写まで入っている。枝雀師匠の天性の明るさがあるから、熊さんの大変な状況がより切なく感じられて、無性に熊さんを応援したくなる。

熊さんのことが好きになっちゃうのが枝雀師匠の演じる「崇徳院」だとすると、若旦那のことが好きになっちゃうのは、志ん朝師匠の「崇徳院」。若旦那と言えば話の発端になる人物だが、最初の熊さんと話す場面しか登場しない。だが、熊さんが探しているあいだじゅう、頭の片隅に浮かんでくるような存在感がないといけない。事情を打ち明けるところでは、苦しみながらも恥じらい、でもうれしそう、という恋煩い加減が絶妙だった。

「でも……おまえ、笑うといやだなぁ……」と、恋煩いと言い出せないでもじもじしている若旦那。笑わないからと伝えると、「じゃあ言うけど……実は、……おまえ、なんだか笑いそう……」と若旦那自身がへらへらと笑い出す。いい大人が恋煩いで、と思わせない、あぁこの人なら確かに思い悩んでしまいそう、という説得力のあるキャラクター。この可愛げを見せられたら、助けたくなる。

また、美しい娘のことを「水のたれるような」と表現すると、熊さんが「え、みかんを踏んづけたような顔？」と天然なのか茶化しているのか、口を挟む。その後若旦那の一言がもう、「崇徳院」の中の台詞で一番好きだ。か細い声で、精いっぱい振り絞って言うのだ。「元気なら、ぶつよぉぉ〜？」。志ん朝師匠ならではの表現。若旦那のチャーミングさが表れ、とぼけたところもあるけれど、きっと人から愛される存在なのだろうなぁとまで想像される。

最終的には、熊さんは床屋で、恋煩いの娘さんのために若旦那を探しているという男に巡り合うのだが、サゲのバリエーションも色々ある。お互いに連れて行こうと引っ張り合って、床屋の鏡を割ってしまい、例の和歌の下の句「われても末にあはむとぞ思ふ」に掛けて、「割れても末に買わんとぞ思う」というサゲをよく聞く。つかみ合いの場面を演じつつ、「めでたく夫婦がまとまりました」と恋煩いの二人のハッピーエンドを思わせるように締めることもある。

こうやって見ていくと、二人の出会いから始まり、お互い思い合い、探し合って、最後には出会える、というなかなかドラマチックな展開である。

ラブレターが欲しい。とは言ったものの、小学校で自分が書いたラブレターの返事がないことにムカついていたのに、いざ中学でもらった知らない人からのラブレターに返事をしなかったこと。自分が憧れの先輩に書いたラブレターに、実は数年後（！）に長文の返事をもらったけど、その頃には冷めてしまっていたこと。こういった自分の数少ない経験から考えると、ラブレターから実る恋なんぞ、そうない。

ラブレターを待っていないで、春になったら花見にでも出かけてみようかなと思う。ハンカチを持って。

落語のラブ

ラブ、ってなんだろう。

前項の「ラブレターが欲しい」からの「ラブ、ってなんだろう」。らしくないな、と自分でも自覚してます。読者の方も、一体どうしたんだ、何があったんだと心配されていることと思います。改めて見たら、きっと恥ずかしい思いをするであろうことは分かっているけれど、性懲りもなく、今回も〝ラブ〟について考えてみたい。

というのもわたしはこの頃、出演舞台『アーリントン』（２０２１年）で、まさに、「ラブとは」という大きなテーマとずっと向き合っていたのだった。

内容は――とても簡単には説明できないのだが――ざっくり言うと、ある待合室で自分の番号を呼ばれるのを待っているアイーラ（わたしが演じました）と、隣の部屋からモニター越しに見ている若い男（平埜生成くん）の物語。場面が変わり、女（入手杏奈さん）が踊る。この部屋は一体どういう場所で、アイーラは今どういう状況なのか……。アイーラの過去や部屋の外で起こっている現実が、徐々に明らかになっていく。

そしてこの作品の副題、それが〈ラブ・ストーリー〉なのである。

正直初めは、この副題をスルーしていた。分かりやすいラブシーンなどは描かれていない。どこにラブがあるのか。アンリアルな設定を理解するのにも苦労していたから、副題の意味することを考えるに至るまで時間がかかった。アイーラと若い男は、言ってみれば、被監視者と監視者の関係性。アイーラはスピーカーから聞こえてくる男の声と会話をし、男のほうも、モニターに映ったアイーラの様子を追うだけ。直接会話をすることも触れることも許されない状況の中で、壁を隔てた二人の間に生まれるものとは——果たしてどんな〝ラブ〟なのか。

演出の白井晃さんや共演者と話し合い、稽古や本番を重ねるうちに、この副題の意味を痛いくらいに感じられるようになっていた。

「ただ静かに座って、私の横にいる人と同じ空気を感じられたらいいな」

たとえばこれは、人形相手に語るアイーラの台詞だが、心から求める切なる願い。これが、一つの〝ラブ〟の表現なのだと思う。このように、いわゆる好きになった告白した付き合った、というようなものではなく、『アーリントン』における〝ラブ〟は、〝愛〟や〝恋〟という言葉では訳せないものだった。

「I love you」を、夏目漱石は「月がきれいですね」と訳し、二葉亭四迷は、「あなたとならば死んでもいい」と訳したとも言われている――このマクラから入るのが、立川談春師匠の「紺屋《こうや》高尾《たかお》」。

談春さんの演じる落語の中でも、特に好きな演目の一つだ。何度聴いても、そのたびに味わいが変わる。高尾太夫に惚れた久蔵の人間像がすごく立っているときもあったし、高尾の思いが溢れていたときもあった。

そして2021年1月に紀伊國屋ホールで、5日間で連続9公演行われた（！）、「春談春」という落語会で聴いた「紺屋高尾」がまぁ……格別にすばらしかった。凄い瞬間を目撃した、という感じ。談春さん自身も、落語を終えた後に、「談志がおりてきた」と少しおどろきの表情を見せながらおっしゃっていた。

では果たしてその日、どんな「紺屋高尾」が繰り広げられたのか。言葉を尽くしてお伝えしたい。

紺屋に勤めている染物職人の久蔵が、吉原で一目見かけた高尾太夫に惚れてしまい、恋煩いで寝込んでしまった。高尾太夫は、大名や大店《おおだな》の商家の主人を相手にするような、吉原で最高位の遊女。まさに高嶺の花だ。事情を聞いた親方は諭す。「憧れと夢は違う。夢は叶えるためにあるが、憧れは叶わない」。こちらにもグサリと刺さる一言だ。

だけど、どうしても諦めがつかない久蔵を見かねて、3年休まずに働いて十五両貯めたら、高尾に会えると励ます。すると寝込んでいたのがうそのように精気を取り戻して、一生懸命働いた。そして3年。十八両二分が貯まった。言い出したものの、すっかり高尾のことを忘れていた親方は、二十両まで貯めて親元に帰って、それから所帯を持ってお店を持つのはどうかと、久蔵に提案する。

だが高尾のために頑張ってきた久蔵は、十五両を持って吉原に行くと言う。まさかまだ高尾のことを想っていたとは思わず驚きながらも、久蔵の頑張りを知っている親方や周囲のみんなは身支度をしてあげ、吉原に顔の利く藪井竹庵先生に手伝ってもらい、「醬油問屋の若旦那」として吉原へ行くことに。

藪井先生の連れてきた若旦那ということもあり、なんと高尾太夫にお目通りが叶う。さらに、一晩を過ごし、一人前の男にしてくれた。

夜が明けると、高尾は「今度はいつ来てくんなますか」と訊ねてくる。だが久蔵は、嘘をつき続けることが堪えられなかった。「また3年かかる」と言い、正直に、自分は若旦那ではなく、染物屋の職人であることを告白する。

何も答えずに、プイと横を向いている高尾。

「そんなに守らなきゃいけない〝格式〟って、なんですか？」

高尾の様子を見て久蔵は言うが、実は高尾は一筋流れた涙を見られないように、横を向いていたのだ。ちなみに談春さんは、この描写の部分で特に、談志師匠を感じたとおっしゃっていた。〝地の文〟と言われる、台詞ではなく状況説明の文章が、一息に物凄い量、口から出ていたのだという。演じながら、意識では「うわぁ、すごい」と俯瞰で思っていたのだとか。まるで体を乗っ取られて、自分の魂が外から自分を見ているようだ。想像を絶する……。

そして久蔵が一つだけ、お願いをする。またいつか会えたときには、横を向かないで、「久さん、元気？」と言ってほしい、と。

「その一言だけで生きていけます」

まっすぐな愛の表現だ。久蔵に心動かされた高尾は言う。

「来年の三月十五日、年季が明けたら、女房にしてくんなますか」

もう感激のあまり、久蔵は脱力して帰る。どうせ振られたのだろう、となぐさめる親方だが、話を聞くとそうではないという。半信半疑の周囲を横目に、また一生懸命に働く久蔵。

そしてついにやってきた三月十五日。約束通り、高尾が紺屋へくる。

「久さん、元気？」

この一言……！　もうわたし、泣きそうとかそういうんじゃなくて、嗚咽しそうになってしまった。「久さん」と言って少し言葉に詰まり、「元気？」と絞り出すように、でも力強く声を掛ける。

高尾は、言葉通りの〝元気かどうか〟の返事が聞きたいわけじゃない。これは、吉原で受け取った、久蔵の気持ちに対する返答なのだ。そこには確かに、「I　l o v e　y o u」の意が込められていて、それ以上に、きっと高尾の中でも、初めて本心から湧き出る感情だったのだろうな、というのが伝わり、二人の再会が堪らなく感動的だった。

談春さんの「紺屋高尾」を聴いていて、こんなに「久さん、元気？」の一言が胸に響いたのは初めてだった。そしてこの瞬間に、マクラの「I　l o v e　y o u」の訳し方の話と見事に繋がったのも初めてだった。そういうことだったのか、とようやくちゃんと理解できたような気がした。この日の「久さん、元気？」は、一生忘れないと思う。

落語における「I　l o v e　y o u」の表現は他にも色々ありそうだ。

落語には珍しく女性がメインとなる「厩火事《うまやかじ》」では、端々に愛が滲み出ている。この夫婦、くだらないことで喧嘩して愚痴っていても、最終的にはやっぱり仲良いんだなぁと感じさせられる、チャーミングな一席である。

この噺に登場する夫婦は、女房であるお崎さんが稼ぎ頭。女髪結いとして働きに出る一方で、亭主はうちに居る。今で言う主夫だ。いつものように夫婦喧嘩をして、お崎さんが仲人である旦那に相談に行くところから始まる。その喧嘩の発端を聞いてみると、夕方5時頃に一旦帰ってご飯を食べたいから支度をしておいてと亭主に頼んでおいたお崎さんだったが、急な仕事が入って、長引いてしまい、帰ってきたのが7時くらいになってしまったということ。そしたら、亭主に怒鳴られた。

「一体今まで、どこ遊んで歩いていやがんだぁ！」

悔しいお崎さんも言い返す。

「一体誰のおかげでそうやって昼間っから遊んでいられるんだ！」

そんなこんなで言い合いが続いた、のだとか。

亭主の一言はきっと、心配のあまりに出た言葉なのだろうな、と想像した。何の知らせもなしに女房の帰りが遅くなっている。亭主目線でいったら、きっとこれは「I love you」の一つの表れのような気もする。だけど、ここでこのエピソードを仲人の旦那に話しているのはお崎さんだから、そんな亭主の心配よりも、それを言われた理不尽さが表れる。

この後、仲人の旦那からアドバイスを受けてうちに帰るお崎さん。そしたら、なんと喧嘩の流れで飛び出したお崎さんを、ご飯も食べずに待っていたという亭主。普段仕事で忙しくてうちにいないから、「一日にいっぺんくらいはサシで食いてぇと思うよ」と当たり前のように言う。これ、すごく「I love you」だ。

だからもう、自分への気持ちを確かめなくてもいいのに。「I love you」を引き出したいお崎さん、仲人の旦那のアドバイス通り、亭主が大事にしている瀬戸物をわざと割って試す。自分のことを心配するか、瀬戸物を心配するか――。

「おい、大丈夫か……？　怪我したんじゃねぇかい？」

お崎さんの身を心配する亭主。お崎さんはうれし泣き。

「有難いね、お前さん。そんなに私の体が大事かい？」

「あたりめぇだよ。お前に怪我されてみろ、明日っから遊んでて酒が飲めねぇ」

この言葉をどう捉えるか。わたしには照れ隠しの「I love you」にしか聞こえない。このサゲが大好きだ。その後二人はきっと、仲睦まじく暮らしていったのだろうなぁと想起させ、ホッとするような笑いがこぼれて終わる。

「愛」という日本語がなかったからこそ、さまざまな表現をもってして愛を伝える。文豪や作家たちが「I love you」をどのように表現したかをまとめた、

『I Love Youの訳し方』という本があるが、もしかしたら、落語版「I Love You の訳し方」が出来るかもしれない。個性や背景が表れるような愛の表現が、落語にはまだまだ潜んでいそうな予感。わたしはそれを胸の中にストックして、「ラブ、ってなんだろう」という問いとまた向き合ってみたい。

寄席によせて

"I love you"の表現か……
……
うッ!
……
……
ムウ〜〜〜〜〜ッ
ハァハァ
ブルブル
ちゃんと言った覚えがない
苦しまぎれに私が役者だった頃の話を…
つまり小学校の学芸会で「ごんぎつね」をやった話をします
さいきんクリだのキノコだのがあるんだ
へ〜
ごんぎつね
私は兵十《ひょうじゅう》で
そりゃきっと神さまのしわざだべ
神さま?
ちぇっ何が神さまだ兵十のやつめ
ごんぎつねはかわいくてやさしい皆のアコガレの女の子でした
ごん おまえだったのか
ごん
それが初恋だったのかそうでなかったのか…筒先から青い煙がのぼっているだけでした…

師匠のダメ出し

「歩幅がオフィーリアじゃない」

あえてダメ出しをするなら、と立川談春さんの口から出たのはこれだった。

こんな指摘をされたのは初めてだった。しかも足元を見ていたのが、いつも座布団に座って芸をする落語家さんだから、なお印象深い。

立川談春さんは今や、〝最もチケットが取れない落語家〟と言われている。近年では映画やドラマにも出演されているので、TBSテレビ日曜劇場「下町ロケット」の〝殿村〟と言えば、あの名演を思い出す方も多いのではないだろうか。わたしは、落語家としてはもちろん、役者として、人として心底尊敬している。

考えてみると、かれこれ10年前のこと。自伝的エッセイ『赤めだか』と出会い、どうしても生で談春さんの落語を観たくなり、取れないチケットを奇跡的に手に入れて独演会に行くことが叶った。そこで目の当たりにした談春さんの芸に圧倒され、一気にファンになったのだった。

そして間もなく、当時レギュラーでやっていたラジオ番組にゲストとしてお呼びできると決まったときは、この仕事をしていて良かったとどれだけ思ったことか……。それ以来、独演会や落語会、ときに食事に誘ってもらったりして、親交を深めさせていただいている。

談春さんが、わたしの出演する舞台を観てくれたときには、毎回、ハッとさせられるような指摘をしてくれる。「あの長台詞は、独演会にしちゃっていいんじゃないかな」「指先で色気を表現できるようになったらいいよね」と、比較的落語に寄った目線でのアドバイスが多い。

だが、2019年秋に出演した舞台『ハムレット』のときには、先の指摘をされて、驚いた。

正直、演じるときに意識していない部分だった。だからおそらく、いつもの自分の歩きやすい歩幅が出てしまっていたのだと思う。だが、果たしてどう違うのか……。

曰く、オフィーリアにしては、一歩が大きすぎる。すると、象徴的な〝処女性〟みたいなものが感じられないと言う。二歩のところを三歩で行ってみると、きっと跳ねるような歩き方になって、オフィーリアらしいのではないかと教えてもらった。

翌日の公演から、その通りやってみた。本当に、跳ねた。最初は何ともやりづらかったが、自然と軽やかになり、少女らしくなったように感じる。きっと誰も気付かないくらいの些細な変化なのだけど、何より気持ちが変わっていった。


落語の中にも、名言だなぁ、と心に響いたダメ出しがある。

江戸時代の歌舞伎役者の芸にまつわる「淀五郎」という落語だ。

わたしが初めて聴いたのはCDで八代目林家正蔵師匠のものだったのだが、ざっとこんな内容だ。一座で「忠臣蔵」を上演しようということになり、座頭である四代目市川團蔵が配役を決めていく。新米の淀五郎に目をつけ、赤穂事件の浅野内匠頭にあたる塩冶判官の役に抜擢するのだ。

張り切って舞台中央で切腹の場面を演じる淀五郎だが、芝居は下手。本来ならばそこに團蔵演じる由良之助が駆けつけ平伏し、仇討ちを誓うという見せ場になるはずなのだが、出番になっても團蔵は一向に花道から動かない。これが何日も続き、訳を訊きにいくと、「芝居が酷くて出られない。そんなことなら、本当に腹を切れ」と言われる。

悩んだ淀五郎は本当に舞台で腹を切って死んでやると決め、世話になった大役者・

初代中村仲蔵の元に別れのあいさつに行く。例の「忠臣蔵」の評判を聞いていて、どれほどなのかと目の前で演じさせてみた仲蔵。やはり芝居が出来ていない淀五郎に、「性根が入っていない」と判官の演じ方を細かく教える。仲蔵に教えられた通り一晩稽古をした淀五郎は、翌日、見違えるように上達し、無事に演じ切るのだ——。

淀五郎の気持ちが痛いほどよく分かる。せっかくもらったチャンス、上手くやりたい。でも思うようにいかなくて悔しい。それは自分でも分かっている。だけど、どうしたらいいのか……。

「褒められたいという欲によって、強くなってしまう」から「寒いという気持ちでやってみるといい」と実際に声を震わせて演じてみせる仲蔵。しっかり駄目なところは言ってくれて、丁寧に稽古を付けてくれる、物凄く良い先輩だ。仲蔵の厳しさとやさしさが沁みる。

と言いつつ、わたしが名言だなぁと思ったのは仲蔵の言葉ではない。

わたしに「歩幅が違う」とダメ出し名言をくださった談春さんの師匠である、談志師匠演じる「淀五郎」の團蔵の言葉だ。

まずは、同じ噺でも演じ方が違うことを注意書きしておきたい。談志師匠の「淀五郎」には、淀五郎が登場しないバージョンがある。「名優の噂話」という題で、舞台を大坂に移し、淀五郎を嵐谷之助、仲蔵を音羽屋尾上菊五郎という名前でやる。人物像も異なる描かれ方をしている。

何日も上手くいかない谷之助が團蔵の元に行ったときのやり取りは、痛烈に描かれている。

何で舞台に出てくれないのかと聞くと、「下手がうつるから」。そして、何が駄目なのかという問いに対して團蔵が答える。

「おめえが断わるから行けねぇんだ」

駆けつけた由良之助に、言葉では「近う近う」とは言うが、演ずる團蔵からしたら、近づくことを断わられている気がする、と。寝ずに思案した谷之助だったが、翌日も駄目。團蔵にすがると言われる。

「肩で断ってる」

台詞の言い回しとか所作ではなく、肩を指摘される。かなり難度の高いダメ出しだ。

しかも、談春さんがわたしに教えてくれたように、どういう状態になっているからこうしてみなさい、という助言もない。もちろん谷之助も、初めは意味を理解できない。

のちに音羽屋に行ったときにも、やはり「肩が違うね」と言われる。だが、ここからも談志師匠ならではは。菊五郎が教えてくれるのは演じ方ではなく、師匠としての真意なのだ。

弟子の憎いやつは一人もいない。どうにかなると思ったから役を振ったのだ、と。

さらにこう付け加える。

「良くなったやつは、後を振り返ると小言を思い出す」

それから谷之助は、判官という役を改めて自分で見直し、考え抜いて、見事挽回する。

肩の形が変わった谷之助を見て、最後に團蔵が言うのだ。

「おい、音羽屋に聞いたろう」

團蔵と菊五郎の名優ぶりが感じられる一席からは、談志師匠の哲学も掬い取れる。

また、談春さんからいただいていたダメ出しの中に、師匠の存在が垣間見えたような気もした。


教えをくれる師匠にも、当たり前だが弟子だった時期がある。

先ほど、良い先輩だと沁みた仲蔵にも、芸に悩んだ時代がある。それを描いたのが、「中村仲蔵」だ。

歌舞伎の世界は厳しい階級制になっている。そのトップであり、看板に名前が載る名題《なだい》についに昇進した仲蔵。果たしてどんな良い役がもらえるだろうと待っていると、自分に来たのは「忠臣蔵」の斧定九郎《おのさだくろう》、ただひとつ。この定九郎、登場して、主要人物の早野勘平の義父を殺し、すぐ自分も死んでしまう、というだけの役。仇討ちにも出てこない、普通なら名題下という名題よりも位が下の役者に回される、言ってしまえば端役だ。

だが仲蔵は、「お前さんでなきゃできない、いい定九郎を見せてくださいな」という女房からの励ましもあり、自分なりに新しい工夫をして定九郎を演じてみることに。雨の日、蕎麦屋で工夫を思案しているところに、たまたま入ってきた、雨でずぶぬれの浪人がまぁ〝いい姿〟をしていた。その浪人からヒントを得て、定九郎を演じると決める。

本番、仲蔵は雫だらけの傘を半開きにして、舞台に登場。衣装から何まで、定番を覆す仲蔵演出の定九郎だ。

観客が沸くと思ったが、何も反応がない。これはやり損なってしまったなと思いながらも、気が萎《しぼ》むでもなく、逆に思い切りができる仲蔵が凄い。「江戸にいられるのも今日一日、これが檜舞台の踏み納め」と、見事に演じ切った。

工夫をしてもまるで客にウケなかったと思った仲蔵は帰って、女房に「上方で3年修業をし直してくる」と告げる。役者人生をかけるくらいの覚悟で芝居に臨んでいたことが分かる。

ところが、やり損なってしまったと仲蔵が勘違いをした観客の静まりは、実際には、見たことのない定九郎に皆が茫然としていたためだったのだ。師匠・中村伝九郎に呼ばれ、こう言われる。

「お前のやった定九郎は、後の世の役者のお手本に残るよ」

勝手な演出に怒られるわけでもなく、こちらまで鼻が高いと師匠が褒めてくれるなんて、この上ない悦びだろう。

中村仲蔵はこうして無名の役者から名優になっていく。そしてのちに、後輩たちをも開花させる師匠になっていくと思うと、「淀五郎」とあわせて是非聴きたい一席だ。

わたしは褒められて伸びるタイプだと自認してきたが、最近、そうではないのかもしれないと気付いた。まだまだ、ダメ出しをされたいと思っている。

「その人の芸を駄目にしようと思ったら、その人を褒める」と、談志師匠が菊五郎の台詞に盛り込んでいたが、その通り。褒められるばかりでは調子に乗るか、わたしの場合では不安になってしまう。何かダメ出しをして叱咤激励をしてほしい。そんな話をちょうど先日知り合いとしていて、「体育会系だね」と言われたけど、確かに追い込まれるとスイッチの入るタイプなのかもしれない。

舞台『阿呆浪士』（２０２０年）の稽古の時、同世代の女性の役者が集まって、稽古を見ていて気になることをお互いに指摘し合う女子会をしたことがあった。

あのシーンはもっとこうした方がいい、こう役を作った方がいいのではないか――。同性で近い年齢の役だからこそ、それぞれ自分がやるならこうするかな、というのを考えていたことが分かって、興味深かった。と同時に、あぁわたしじゃなくて別の人がやっても成立してしまうのかと思った瞬間、少し怖くなった。だが確実にそれ以降、芝居がみんな良い方向へ変わっていったから、本当に有意義な時間になった。

女優を始めて14年近くになるが、ダメ出ししてくれる同世代が増えたことは財産だと思った。先輩にも「ダメ出しされたいなら、ダメ出しされるくらいの突き抜けたことをしないと！」というダメ出し格言をいただいた。

ただやはり、千秋楽を迎えた打ち上げの場で、先輩後輩関係なく褒め合って、みんなの顔がホクホクしているところを見ると、幸せな気持ちになるのだ。

寄席によせて

由良之助か！
近う！
近う！近う！
まちかねたわやい
さだめし仔細きいたであろう
由良之助が来ねえぞ
みんな知ってる忠臣蔵
判官役者が新人のせいかいつもと違うさぁ大変だ
由良之助そりゃあちっとそでなかろうぜ
きゅ〜
し〜ん
九寸五分は
よく斬れるなア
ほら大変なことになった
芸事が落語になるならそのうち手塚先生やトキワ荘もなるかしらん
忠臣蔵ほど知られてないとムリでしょ

お見立てな五人廻し

演劇でもない、落語でもない。落語朗読劇なるものに、初めて参加させていただいた。一人一役、落語の登場人物を演じ、掛け合いのみで見せていくというものだ。コロナ禍真っ只中の2020年秋のことである。

この企画は、現在ニューヨークに移住して活動されている柳家東三楼師匠の「柳家東三楼の会　秋」の中の演目の一つ。そもそも、落語の会に、漫才や曲芸など落語以外の芸をされる〝色物〟と呼ばれる芸人さんが出ることはあるけれど、こうして趣向の異なるプログラムが挟まれるのは珍しい。

そのうえ落語朗読劇の他にも、ユニークな演目ばかり。玉川太福さんの浪曲、その名も「柳家東三楼 反省記2020」から始まり、師匠と同じくニューヨークを拠点に世界各地で活躍されているジャズピアニスト・海野雅威さんによるピアノ演奏、さらには海野さんのピアノ付きの師匠の新作英語落語「I Love Ramen」など。

さらに今回は、これらすべてを収録し、〝オンライン配信〟という形で全世界に向けて発信する。イマドキなイベントである。

実は当時のわたしは、コロナの影響で2本の舞台が飛んでしまっていたこともあって、精神的に弱気になっていた。「こういう時だから、できない」のは仕方ない、と諦めを付けながらも、消化できない感情が溢れていた。だけど一方で、自分自身のエンタメを欲する気持ちは日に日に増すばかりだった。「こういう時だからこそ、できる」ことは何か。弱気の中から立ち上がった前向きな気持ちをうまく使えずにいたから、こうしてこの時だからこそ生まれたものに参加できることが、とても有難かった。

しかも大好きな落語に関するお仕事だなんて。断る理由がない。二つ返事でお受けした。

だけどよくよく考えてみたら、落語も朗読劇も、経験がかなり少ない。

ご一緒するコントユニット「ハレとケ」の岩田和浩さん、喜島春樹さん、小林永幸さん、なかやんさんは、東三楼師匠と一緒に落語を題材にした演劇コントをなさっているし、「劇団東京乾電池」の吉橋航也さんは高座名も持って積極的に落語をなさっている、とのこと――。

どの面から見ても、わたしにとってチャレンジになることは間違いない。そう覚悟を決めて臨んだのだった。


朗読する演目は、「お見立てな五人廻し」。

〝落語朗読劇〟と言いながらも、実はこんな落語はない。これは、「お見立て」と「五人廻し」という二つの噺を融合させて作られた、オリジナル演目なのだ。

どちらも吉原遊郭を舞台にした、「廓噺《くるわばなし》」というジャンルの落語。そしてどちらも遊女・喜瀬川花魁に会いたい男たちが登場し、どちらも花魁がうまいこと（時々無理なこと）を言って男たちをいなす、という展開。こうやっておおまかにまとめてみると似ているように思うが、聴いてみると、噺の中で置かれている重点が全くちがうことが分かる。

だが聴く前に――、そもそも、落語のタイトルにもなっている「お見立て」と「廻し」をはじめ、〝吉原遊郭のシステム〟を説明しておきたい。

遊郭に遊びに来た客は、店の紹介する女郎の中から好みの女を指名することができる。このことを「お見立て」と言い、逆にただ店先に並ぶ女郎たちを見るだけで帰ってしまうことを「冷やかし」と言ったりもする。

好みの女郎をお見立てしても、自分ひとりを相手にしてくれるとは限らない。一人の花魁がひと晩に複数のお客を取ることもある。これを「廻し」と言う。関東独特のもののようで、関西にはないと聞く。ただ、花魁との遊興費である「玉代《ぎょくだい》」を払っても、自分のところに廻ってきてくれないこともあったのだとか……。花魁が来てくれたとしても、玉代プラス、飲食代、店の人（おばさんや若い衆）に対する心付けなんかも必要だったりするから、相当お金のかかる遊びである。

さて今ちらりと出てきた、「若い衆」と書いて「わかいし」と読む、客引きから客の世話までする、いわゆるボーイさんみたいな人。年を取っても「若い衆」と呼ばれるらしい、というのはさておき、この人が、「お見立てな五人廻し」の話を展開させていく中心人物になる。


「ええ、喜瀬川さんへ、喜瀬川さんへ」

マクラのあと、若い衆・喜助のセリフから落語朗読劇が始まる。大人気だから早く廻しを取って客をさばいてもらわないと困ると、喜瀬川花魁を探しているこのセリフが、落語「五人廻し」を印象づける大事なフレーズになる。初めだけでなく噺の中で何度も出てきて、場面転換していくのである。そう教えてくれた東三楼師匠は、少しだけ眠そうだった。

稽古は主に日本時間夜7時から行われた。ニューヨークは朝6時……。そりゃあ眠いだろうに、稽古の頭では「こんばんは」と声を掛けてくれる優しさ。

何度か、稽古が終わる頃に「あぁようやく目が覚めてきた」と言って笑わせてくれたが、さすが落語家さんの耳。ちょっとでも言葉のイントネーションやアクセントが落語っぽくないと、すぐに指摘してくれる。たとえば、最後サゲにも繋がる「3円」。わたしが自然に言うと、一音目の「さ」にアクセントを置いて発音する。「タンメン」のように。だが、落語の中では、平板に読むのが正しい。「蔓延」と同じイントネーションになる。このように、落語では平板になる言葉が多いのだそうだ。

他にも台本の文字上では分からない、落語ならではの読み方がある。花魁はふつうに「商売」と言っても、江戸っ子はこれを「しょーべー」と言ったり、花魁の「あたしは」「あたしには」は、「あたしゃ」「あたしにゃあ」に変わる。人物によって変化するから、キャラクターが見えてきて面白い。

今まで落語を聴いて何となく耳にして理解できていたけど、実際口に出してみないと気づかないところが多い。「女郎」という言葉もそう。単体では「じょろう」と読むのに、「お女郎」「女郎屋」と他の字が付くと、読み方が「じょうろ」に変化する。日本語の不思議。

不思議で言うと、花魁が3円をお大尽にねだる場面があるのだが、「欲しい」という言葉を使わずに、「3円もらいたい」という言い方をするそう。

いくら落語が好きで聴いていても、こうして実際に声に出してやってみて稽古してもらわないと、知らないことばかりである。そして、こういった細かいところを詰めれば詰めるほど、どんどん落語らしくなっていくから楽しかった。

稽古3回目。台本が改訂された。冒頭が喜助のセリフではなく、喜瀬川花魁の独白から始まることになった。意図は、花魁の悲哀や吉原という世界の苦しさをより、ちゃんと見せるため。ここが「お見立て」要素、と言えるかもしれない。

花魁は、今相手にしているお大尽が寝ているのを見ながら、マブ、つまりゆくゆくは一緒になることを約束した人を想う。吉原では商売だと思うから、いろんな客にいろんな事を言う。だけど客は真に受け、「花魁、花魁」って寄ってくるから、嫌気がさしている……という独白だ。

演じるうえで、花魁の建前の裏にあった本音の部分が見えたことで、役に入りやすくなる。が、東三楼師匠からは「あまり役に入りすぎないように」というオーダーがあった。それはふつうのお芝居ではなく、落語だから。ふだん演劇をしていると、より役に入っていくところを目指すから、自分と役のバランスを考えるといい、というアドバイスは新鮮だった。ただ、今回は落語でもなく落語朗読劇だから、完全に話芸の方になってしまってもだめ。この塩梅に苦戦した。

そして迎えた本番、収録の日。ずっとオンラインでしかお会いしたことのなかった共演者のみなさんと、初めて直接顔を合わせる。初めましてな感じはしないけれど、みなさん思っていたよりも、ガタイがよくて逞しいという印象。

撮影監督として、写真家の伊島薫さんが現場にいらっしゃって、5台のカメラを構えて待ってくださっていた。「朗読している姿を臨場感が伝わるように切り取りたい」ということで、顔の表情がかなりのアップでさまざまな角度から捉えられる。緊張する。

衣装は師匠からのリクエストで、モダンアンティークな着物が揃えられた。スタイリスト山口さくらさんが用意してくださった着物は、本当にかっこよくて、着るだけでテンションが上がる。個々のキャラクターが立っていながらも、全体として統一感がある。

リハーサルもそこそこに、本番はすぐに始まった。これまでオンラインでしかやったことのなかった掛け合い。緊張も不安もあった。だけど実際にやってみると、お互いの呼吸も読み取れるから、すんなり出来るではないか。というかとてもやりやすい。リズムも良くなって、お互いに影響を与え合い、そこで初めて生まれたものもあるという感触を得ながら、無事に終えた。

一人で落語を演るのではなく、何人かで落語を演じる。しかも芝居ではなく朗読劇だからこそ実現した落語ならではのテンポ。そこに乗って、それぞれ個性豊かな人物が登場して躍動する。これまでにない立体的な落語が生まれたその瞬間に立ち会えたことは、俳優としても落語ファンとしても幸せだった。全世界に配信された落語朗読劇「お見立てな五人廻し」、多くの人に楽しんでいただけていますように。

寄席によせて

廻し部屋の女郎は
休みなし万年寝不足
それでも営業手紙を
書きまくる
一番の
おいらんは
下駄が
モビルスーツの
ようだ

幽霊かわいい

わたしは怪談の類が大の苦手である。

女優の仕事をしていながら、ホラー映画も苦手だ。撮影の裏側を知ったら怖くないでしょ、と周りから言われるが、いまだに、ホラー作品の出演オファーがあったら躊躇ってしまうくらいだ。

お化け屋敷ももちろん駄目。富士急ハイランドのお化け屋敷が有名だと聞く。富士急にはドラマの撮影で一度行き、その時は観覧車にしか乗らなかったので、ジェットコースターが好きなわたしとしては、ちゃんと遊びに行ってみたい。だけど友達を誘えない。どんな遊園地でも、友達はだいたいお化け屋敷に行きたがる。わたしが拒めば拒むほど、連れて行きたがるのが相場と決まっている。そして怖がれば怖がるほど、周りは面白がるのである。何しろ、ディズニーランドのホーンテッドマンションでさえ、途中堪えられず目を瞑ってしまうくらいだから。でも目を瞑ると、聴覚や触覚が敏感になり余計に怖いということもある。

以前、NHK Eテレで毎週日曜に放送されている「NHK短歌」という番組にゲストで出演させていただいた。その回の題が、よりによって、「怖い歌」……。31音だけだからこそ、より想像が広がる。選者の寺井龍哉先生も、「鑑賞者それぞれが、それぞれの一番怖い想像をするから、より怖くなる」とおっしゃっていたが、まさにそれを感じた。

その中で、他の怖い歌とは異色で、印象に残っている歌があった。

幽霊を見たことがない
幽霊を見たことがある人がいるのに
乾遥香

幽霊を怖がるでもなく、むしろ、幽霊を見たことがある人を羨むような一首。怖がりのわたしはあまり共感できなかったけれど、これを見て、思い出した落語があった。

「皿屋敷」、または「お菊の皿」と言えば、ピンと来る人もいるだろうか。「1枚、2枚……」と皿を数える幽霊、お菊さんが登場する怪談噺だ。

この落語の登場人物たちが、まさに先ほどの短歌のような、〝幽霊を見たい〟という物好きな男たち。

「NHK短歌」の司会の有森也実さんが、「亡くなった家族やペットとかの幽霊だったら見たい」とおっしゃっていたけど、なるほど、美人だと噂のお菊さんに会ってみたい、と思うのはただの肝試し的なイベントだけではなく、アイドルに会いに行くような感覚だったのかもしれない。実際噺の中で、皿屋敷に行く動機がアッという間に後者に傾いていくのが面白いところだ。

桂枝雀師匠の「皿屋敷」を聴くと、皿屋敷に行くまでの前半部分でも笑いどころがたっぷり。というか、これから怪談噺をやるのだろうかというほど、マクラから爆笑をかっさらっている。幽霊はもっと真ん中にちゃんと写ればいいのにと心霊写真をいじったり、口裂け女を真似てみたり、それに対して自分を「毛無男」と自虐してみたり。散々くすぐられて、落語に入る。

古来怪談で有名な「皿屋敷」がどういう話だったかを仲間に語って教えるところから始まる。むかし播州姫路城下に代官の青山鉄山という男が住んでいた。その腰元にお菊という綺麗な女性がいて、鉄山は手を替え品を替え口説いたのだが、落とせない。

逆恨みした鉄山は、将軍家から拝領した葵の皿10枚をお菊に預け、後からこっそり1枚抜いて隠し、責任をお菊になすり付けるという嫌がらせをする。紛失を理由に、お菊の髪をつかみ、ずるずる引きずり井戸端へ。踏む蹴る、さらには井戸の中で上げたり下げたり、お菊の懇願も聞かず、袈裟懸け。なんて無残な最期か。

それから夜になると、井戸からお菊の幽霊が姿を現わし、皿を数えるのだという。9枚まで数えるのを見た者は死ぬという噂も。

それを聞いた男たち、怖がりながらも行ってみようという話に。7枚聞いたら逃げればいい。けどもしかしたら、皿を数えるのがいきなりペースアップするというお菊の意地悪もあり得るかもしれないと怖がる者も出て、そこにいた何人かだけが行くことになる。

いよいよ、皿屋敷へ。お酒を飲んで備えてみたが、弱気になってくる。真っ黒な空に「鎌を研いだような月」という表現だけで、不気味な空気が漂い始める。

寒気がしてきて、みんなテンパって少し早口になって、言葉遣いが悪くなる男たちの様子がとても笑える。

「うらめしや」

ついに、井戸からお菊さんが登場。三味線や太鼓や笛によって、おどろおどろしさが増していく。

皿を数え始め、7枚と聞いた瞬間、全速力で逃げだす。

「こんな怖いの初めてだぁ！　明日の晩も行こ」

「あんなべっぴん見たことない」と話題になり、毎晩毎晩来る人が増えていく。しまいにはわざわざ東北や九州からも来る者があったり、1か月仕事を休んで通っているという者も。まさに、お菊さんはアイドル的人気になっていく。

お菊さんが登場すれば「待ってました！」と声を掛ける男たちも男たちだが、「おこしやす」と答えちゃうお菊さんもお菊さんだ。

ある日、風邪気味のお菊さん。幽霊も体調を崩すのかは置いておいて、いつも通り皿を数え始め、7枚で逃げ切れなかった男が10枚以降を数えているのを耳にする。すると、しまいには18枚まで数えてしまったお菊さん。訳を聞くと、こう言うのだ。

「2日分よんでおいて、明日の晩休みまんのや」

こうも幽霊に対する印象が変わっていく怪談もあるのか、と思う。演じ手によってさまざまなお菊さん像が作られているから、これも聴きどころかもしれない。

可哀そうなお菊さんで始まり、不気味に登場し、おしとやかにサービスを振る舞うようになり、図に乗り、最後には商売人のような口調になっていく。この演じ方は枝雀師匠ならではだと思うが、最後の、観客もお菊さんも楽しんじゃってる様子は、何度聴いてもお腹を抱えて笑ってしまう。

そして聴き終えたときには、わたしも幽霊であるお菊さんに会いたくなっているから、不思議だ。

チャーミングな幽霊でぜひとも紹介したいのが、「三年目」、上方では「茶漬幽霊」という落語の幽霊さん。このふたつ、ほとんど同じ筋の落語なのだけれど、東京と上方ではサゲが異なる。上方の方の描き方ではチャーミングという言葉が合うが、東京の方は、女性として〝キュート〟と言った方がふさわしいかもしれない。

実際、古今亭志ん朝師匠の「三年目」では、落語に入る前に、まず〝ご婦人〟の話をする。やはりこちらのお菊さんも幽霊としてではなく、女性として見ている、ということだろうか（ちなみに、名前は同じだけど「皿屋敷」とは全くの別人）。

志ん朝師匠は、「恥じらい」という言葉が好きだと言う。特に、若いご婦人の恥じらい。奥ゆかしく、色の白いところにふわぁと赤みがさして良い、と。

ところでこの落語では、お菊さんは初めから幽霊で登場するわけではない。病で床に臥せているところから始まる。仲の良いこの夫婦、旦那さんは「自分が思うよりも辛い」と、献身的に看病をしている。とにかく優しい男性なのだ。

お菊さん、一つだけ、気がかりがあるのだと言う。遠慮をしてなかなか言わないが、何度も尋ねると、恥じらいながら答える。

「私が死んだあと、後添えになる人を私と同様に、あなたがかわいがるのかと思うと、気がかりで……」

言ってしまえば嫉妬なのだけれど、なるほど恥じらいながら言われると、何ともいじらしくて可愛い。

そこで二人はこんな約束をする。万が一、お菊が死んだときには、出来る限り再婚の話は断る。だけど断り切れなかったときには、婚礼の晩にお菊が化けて出てくること。そうすればきっと、女はびっくりして逃げ出すだろう、と。

「本当に出ていいんですか？」「あぁ待ってるよ」と何とも馬鹿な約束をしたら、ホッとしたのかお菊さん、ほどなくして亡くなる。

その後、やはり周りからの強い勧めがあり、致し方なく再婚をすることが決まる。そして、いよいよ約束の婚礼の晩。床に座って眠らずに待つ旦那。だが、一向にお菊は出てこない。遠くまで行ったのだし来るのが大変なのだろうと翌日も、その翌日も待つが、出てこない。

やがて後妻をかわいがり、子どもも授かり、お菊の三年目の命日を迎えた晩。

「うらめしい……」

ようやく、お菊の幽霊がやって来た。

お互いに約束がちがうじゃないかと言い合い、言い合う間も、「コウモリみたいに昼間寝て夜起きて、ずーっと待ってた」と旦那が言うところなんかは愛情を感じる。

「みんな、存じておりました……。だけど、私が死んだとき、みんなで私を坊さんにしたでしょ」

むかしは埋葬前に死者の頭髪をそり落とす習わしがあったのだそう。頭を丸められてしまったお菊さんは言う。

「坊さんのまま出たんでは、あなたに嫌われると思って、毛の伸びるまで待ってました」

見た目を気にするなんて、何ともかわいい幽霊。恥じらうご婦人、もとい幽霊に、旦那はこの後、何て言ったのだろう。もしかしたら惚れ直しているかもしれないと想像すると、怪談というよりも、人情噺の味わいがある。

どちらのお菊さんもとても人間らしくて、幽霊嫌いのわたしも好きになってしまう幽霊なのである。

寄席によせて

幽霊は あんまり こわく ないね
ゴロロ‥
だって 死んでる から……
こわいのは アレです
あの……
固いものに 穴があいているの。
こわいね!!!
陶器とか歯のエナメル質的な表面にギザギザしてない整った穴がポッカリと
うわ―― 書いてて寒気がする こわい!!
子供のころ田舎に行った。バケツにカニが入っていた。
生きてんのかな?と思い棒で突くと
ぐいっ
穴がっ
ポクッ
その抵抗の感触が…
うわー いやだ――
蓮コラも いやだ!
不忍池も 蓮の季節に よっては いやだ!
レンコンは平気だ。
お菊さんが 穴のあいた お皿を 持っていたら……
ひいいいぃ

「廐火事」を演る

わたしが人生で一番緊張したのは、高座に上がった時のことだ。

２０１１年２月、赤坂ＢＬＩＴＺで古典落語「雛鍔《ひなつば》」を演じた。……ようだが、実はほぼ記憶がない。忘れているわけではない。気づいたら終わっていたのだ。そのくらい、無我夢中だった。

だが忘れたくても忘れられないのは、リハーサルの時のこと。頭が真っ白になるとはこういうことかと、身体は完全にフリーズした状態で、脳内では妙に納得していた。まったく言葉が出なくなり、涙だけが溢れ出ていた。

舞台上にひとりだけという状況が、怖くて仕方なかった。ただでさえ客席よりも高い舞台の上に、高座が設置され、厚めの座布団に正座をする。客席がよく見えたし、すべての視線が自分に集まるのをとても感じた。

言葉が出なくなろうと、助け船を出してくれるような共演者はいないし、間を埋めてくれるような音響もセットもない。もう自分の力でやり切るしか、高座から下りる方法はないのだと悟った。

本番直前、袖から見た高座は、照明を一点に集めて神々しく見えた。出囃子に選んだ、アンジェラ・アキさんの「手紙〜拝啓 十五の君へ〜」に背中を押され、光の中へ向かった。

スタートを切ったら走り続けることだけを考え、必死だった。途中、観客からの声援のような笑い声を受けて、前へ前へと進んだ。正味20分弱だったか。ゴールした時には、足が痺れていた。

人生最大の緊張を味わって、当時20歳だったわたしの中にあったのは、「楽しかった」と「もうやらない」のふたつだった。

人間って不思議。その後、「またやってみたいですか？」と問われても素直に頷くことができなかった一方で、次にやるなら何の噺がいいだろうかと考えていた。

「〝縁は異なもの〟なんてことを言いますが……」

約8年ぶりに柳亭市馬師匠に稽古をつけていただいた落語の第一声が、これだった。

次やるならとずっと考えていた噺を本当にやることになったのだから、まさに〝縁は異なもの味なもの〟。やっぱり今までずっと落語に恋して追いかけ続けていたかかなぁなんて、師匠の声を聴きながら感慨に耽ってしまった。

「もうやらない」と決めていた落語をまたやることになったのは、NHKの古典芸能の番組がきっかけだった。依頼を受けた時には落語の魅力や思い出を語れば良いとのことだったのだが、事前の打ち合わせでプロデューサーさんにお会いした時に、こんな提案をされた。

「もしよかったら、久しぶりに市馬師匠に稽古をつけてもらって、実演もしてみませんか」

もちろん迷いはあった。しかし、心がときめいているのは確かだった。

とは言え、稽古時間も番組の尺もないので、5分くらいで出来る小噺をやりましょうということで落ち着いた。

そして市馬師匠に、またお世話になる旨を連絡した。すると師匠からすぐに電話が掛かってきた。

「何かやりたい噺はある？」

胸の内には思い浮かんでいた。だけどそれは、5分に収まるような小噺ではない

し、やっぱりまだ口に出す勇気がなかった。考えている振りをしながら言葉を濁していると、

「今回の企画の為ではなく、ちゃんと稽古する。その内それが役立つこともあるでしょうから、今回はその一部を取材してもらう。これが良いのでは?」

番組からの依頼とは言え、わたしの為に、真剣に稽古をつけるという姿勢で向き合ってくださっていることを知り、ハッとした。

「『厩火事《うまやかじ》』がやりたいです」

わたしは〝厩〟と聞くと、イエス・キリストと孔子を思い出す。厩とは、馬小屋のことだ。イエスが生まれた場所であり、論語にも登場する。落語では、キリストではなく、孔子のエピソードが出てくる。

〈厩焚《や》けたり、子、朝《ちょう》より退きて曰く、人を傷《そこな》えりや。馬を問わず。〉

厩が火事になったときに孔子は愛した名馬よりも家来を心配したという。「厩火事」という題は、この孔子の故事から来ている。

だからと言って厩が舞台というわけではなく、長屋の夫婦のお話だ。

夫婦の愛に溢れたやり取りが好きというのはもちろんだが、噺の肝となる女性、〝お崎さん〟をやってみたかったのが、選んだ一番の理由だった。人間味たっぷり

の、何とも可愛らしい女性なのだ。

姉さん女房で、髪結いとして立派に働いている。道楽者である亭主とはいつも喧嘩ばかり。そんな愚痴を仲人の旦那の元へこぼしに来て、「別れたい」とまでお願いをするが、じゃあいざ旦那がふたりを別れさせようと亭主の悪口を言ったら、お崎さんはブチ切れ。本当に別れたいわけじゃなくて、「こんな良いところもあるのだから大丈夫」と言われたかっただけなのだ。そして亭主が自分のことを大事に思っているのだろうか、という不安まで吐露する。そこで旦那は、お崎さんへの気持ちを確かめる良い方法があると、ふたつの例を挙げる。このうちの一つが、例の孔子の話だ。それを聞いたお崎さんはすぐに家に帰って、実行するが――。


喧嘩して、愚痴をこぼして、別れたいと言う。だけど他人にけなされるとムキになってしまう。本当に別れたくて言っている訳じゃないから……。

男性の友人から、こんな話を聞いたことがある。女友達に「彼と別れたいから、嫌いになるように彼の悪口言って」と頼まれ、嫌な気持ちもありながら友達である彼の良くないところを挙げた。なのに、だんだん彼女が不機嫌になり、最終的には怒りだしてしまったという。まさに、現代版お崎さん。それ以来、その女友達とは疎遠になってしまったというから、残念な結末だ。

わたしはお崎さんタイプではないが、「女心が分からない」とため息をつくその友人に「そうだね」とは言えなかった。気持ちは、分かるのだ。

時代や性格は違えど、お崎さんの不満や不安な気持ち、女心というものはよく理解できる。だから、感情移入しやすい。

この〝感情移入のしやすさ〟が、聴く分には楽しめるポイントになってくるのだけれど、実際に落語を演じるとなると障害になってくることが分かった。

普段のお芝居でも、感情移入しやすい役は台詞が入りやすい。だから今回の場合、お崎さんの台詞は割とすんなり入ってきた。だがお崎さんに感情を入れて演じてしまうと、旦那との掛け合いがうまくいかなくなった。お崎さんの気持ちに引っ張られてしまい、それに対する呆れた突っ込みや宥める旦那への切り替えがスムーズにできないのだ。

お芝居だと、いかにその役に没頭するかを目指す。役に入り込み、なるべく自分を消したい。だが落語でお芝居と同じように没頭してしまうと、独りよがりになってしまう。以前、林家たい平師匠に「俳優さんが落語をやると、〝演じちゃう〟から難しいよね」と言われたことがある。なるほど、と思った。お芝居では、その役のキャラクターや感情を表現するために、声や表情を作って演じる。でもこうして役を作り込んでしまうと、それはもはや落語ではなく、一人芝居なのだ。

落語は芝居ではない、話芸だ。落語と芝居は近しいようで、やっていることが全然ちがうことを実感した。たしかに、わたしから見たらおじいちゃんくらいの年齢の師匠方の落語を聴くとよく分かるが、男性も女性も子供も、特に声色を変えるわけでもなく、若旦那にも見えるし、色っぽさも出るし、やんちゃさも伝わってくる。

落語の場合、いかに没頭しないかが重要なのかもしれない。人物を作り過ぎない。そして高座では、ある程度演じている自分を俯瞰して見て、さらには観客の反応を受け取るくらいに、冷静な目を持っていなければならない。感情移入できるからやりやすいかもと選んだ「厩火事」だったが、ひとりの人物に感情を入れすぎず、どの登場人物も同じレベルでいることが大切だと気づいたのだった。

試行錯誤しながら毎日念仏のように唱えていた、20分ちょっとの「厩火事」を市馬師匠に見ていただいた。

師匠と正座で向き合って、落語を演る。その距離、畳一枚分ほどだろうか。大人数のお客さんにではなく、一対一で見せるというのは、また違った緊張と集中があった。師匠の前には紙とペン。オーディションを受けているようだ。市馬師匠は終始穏やかな表情で見ていてくれたのだが、やはり背筋は伸びる。

終わっても顔がこわばったままのわたしに、たくさん褒め言葉をかけてくださったことに感激しつつ、指摘していただいてハッとしたことがある。

想像力が欠けている、ということだ。

わたしは声や話し方で表現することだけにとらわれ、仕草に意識を向けていなかった。だから普段、人と会話する時に何気なくやっているような、身振り手振りをしていたようなのだ。無意識に何かをすると、いつもの癖が出る、自分が出てしまうのだ。

これはお芝居でも同じことが言える。歩き方、鞄の持ち方、ドアの開け方、食事の仕方……、自分が慣れた動作はやりやすいから、いつもの癖を無意識に選択してしまいがち。そこからいかに抜け出して表現の幅を広げていくか……。しばしば再確認する課題である。

落語において仕草は、大きな意味を持ってくる。演者は一人、座布団の上から動かない。人の移動や全身の動きがないからこそ、観客はちょっとした手の動きに目が行ってしまう。つまり、効果的かつ意図的に使うべきなのだ。

落語は観る側の想像力に委ねる部分が多い。そこに無いものをあるように見てもらわなければならない。その時に重要なのが、仕草だろう。

「厩火事」で、お崎さんの亭主が瀬戸物を大切そうに扱う場面がある。どのような大きさや形なのか？　手触りは、重さは？　どのくらい大切にしているのか？

表現する側が鮮明に、豊かに想像した上で、まるで手の中に瀬戸物があるかのように体現するのだ。手の広げ方や指の形、腕の筋肉の緊張――。型が決まっているわけでもないから、表現者の想像にかかっている。

ちなみに市馬師匠は落語協会会長で風格のある方だが、いざ女性を演じると可憐で愛らしい女性に見えてくるし、下戸でいらっしゃるのに、お酒を飲む場面を演じると本当に美味しそうに飲んで見せる。

どのような所作が女性らしく見え、どのような作法がお酒好きに見えるのか。観察しているが、落語家さんによってもやり方が違うから、正解が見つかっていない。まことに不思議な落語のマジックだ。

師匠はいるが、演出家はいない。そんな落語をやることで、自分を客観視する目を持つようになる。どのような表現をしたら、どのように見えるのか。演者であり、同時に演出家でいる必要がある。

「厩火事」をまだ市馬師匠の前でしか披露していないというのに、懲りずにまた持ちネタを増やしていきたいなんて思っちゃっているところを客観視すると、わたしにはまだまだ想像力が足りないようである。

志の輔えいが

ウンか月ぶりに、映画館に映画を観に行った。家でサブスクを利用して観たりはしているが、最後にスクリーンで観た映画がなんだったか思い出せないほどである。俳優の仕事をしていてどうかと思うが。

　わたしは近年舞台の仕事が多いので、お芝居を観に劇場に足を運ぶことはしょっちゅう。だから久しぶりにシネコンの椅子に座って、〝なんて座り心地が良いんだろう〟なんて感動してしまった。舞台を観るときはスクリーンを見上げるような頭の角度にならないのだから当たり前だけど、演劇の劇場には頭まで寄りかかれるような席はない。もちろんドリンクホルダーもない。映画館では飲食をしながら鑑賞でき、客席は真っ暗になってスクリーンに集中しやすい環境が整う。

ちなみに、寄席も頭まで寄りかかれるような席はもちろんない。そんな席があったらお眠りになるお客さんの率が上がってしまうことが予想される。でもドリンクホルダー、場所によってはテーブルが付いている。休憩時間にお弁当を置いたり、上演中も番組プログラムを広げて何かをメモする人もいたりする。

一口に〝鑑賞する〟と言っても、観るものによってこうも客席の環境が違うものなのか、という当たり前の発見をした今日この頃である。

さて、そんな久しぶりの映画館で何を観たかと言うと、「大河への道」という作品だ。中井貴一さん主演、松山ケンイチさんや北川景子さんが出演する、2022年5月下旬に公開された映画である。

こちらの映画の原作がなんと、立川志の輔師匠の新作落語なのだ。

実は、志の輔師匠の落語が映画化されるのは、これで二度目である。「歓喜の歌」という新作落語が、小林薫さん主演で2008年に映画化されている。こちらも志の輔師匠の名作新作落語なので、先にご紹介したい。

大晦日を控えた公民館。主任の山本は出前を頼み、職員の加藤と翌日の大晦日のことを何気なく話していたところ、ママさんコーラスの発表会の予約がダブルブッキングされていたことが発覚する。「みたまレディースコーラス」と「みたま町コーラスガールズ」。半年前に電話で予約があり、同じ団体だと勘違いして両方の予約を受けてしまっていたのだ。

そのことに気づいた各ママさんコーラスの代表者が公民館にやってくるが、「ホール代半額にしますんで。なんならタダで。そちらは一緒にやっていただくか、どちらかにズレていただくか……」

主任は言い逃れをするばかり。その態度に怒ったママさんたちは「悪いのは公民館でしょ。そちらで考えてください」と言い残して帰ってしまう。そこへ出前が来るが、ワンタンメンを二つ頼んだはずが、お店の聞き間違いでタンメンが二つ届いてしまう。

「そんな聞き間違いするかよ?!」と怒る主任は、先ほどのママさんと同じ……。

さてどうしようか、と考えた主任と加藤。ママさんコーラスの様子を見に行ってみたはいいが、当たり前だが団員はみな怒っている。どうすることも出来ずに公民館に戻ってくると、出前のラーメン屋さんがやってきて、

「『先ほどは失礼しました。晩ご飯のお供にでも』とおかみさんが……」

餃子を差し出される。

「それから、おかみさんが『明日よろしくお願いします』って、そう言ってました」

そのラーメン屋のおかみさんは、みたまレディースコーラスの団員だったのだ。今は体を壊して入院している旦那さんの代わりに昼間はラーメン屋に出ているが、もともとやっていた服のお直しの仕事も夜にしている。午前中には旦那さんのお見舞いに

行き、仕事の合間にコーラスの練習をしてきたという。そんな忙しい中、翌日の本番のプログラムに大幅な変更が出てしまい、困っているという話を聞く。

そして主任は餃子を見て気づく。

「そうか、〝餃子〟がなかったのか……」

真剣にやってきたママさんたちのために、明日、自分たちも〝餃子〟を届けたい！出来ることを精いっぱいやろう！　とスイッチが入って、当日――という内容である。

ダブルブッキング騒動と年末の慌ただしさが相まって、ドタバタに緊張感と面白みが増している、人情喜劇だ。餃子が誠意や真心の象徴として登場するのも可笑しみがある。

そして志の輔師匠の落語を観ると、サゲの後に、高座の後ろ幕が開いて、ママさんコーラスグループによる「歓喜の歌」の合唱が始まるというサプライズがある。志の輔師匠はというと、着物から燕尾服に着替え、指揮をする。これが落語「歓喜の歌」のクライマックスになる。

映画の方ではそれぞれの人物の背景などを膨らませて描いていて、落語にはないような展開も用意されている。志の輔師匠も落語家役で登場するし、なんと談志師匠も出演されている。むかし地元の合唱団で10年以上合唱をやっていて、さらに落語が好きなわたしとしては、色んな意味で心揺さぶられる感動作だった。

「歓喜の歌」は映画だけでなく、テレビドラマや舞台にもなっていて、さまざまな形で多くの人に届けられた。

そして「大河への道」も然り。2011年に初演され、わたしも何度か生で観ることができている。

この「大河への道」、本当は公開の前年、2021年が内容にまつわる、〝200年〟という節目の年だったので、PARCO劇場のオープニングシリーズに満を持して上演される予定だったのだが、師匠の体調の都合で全公演中止になっていた。それが翌2022年1月、同劇場で行われた「志の輔らくご in PARCO 2022」で〝200＋1年記念〟と題されて披露された。わたしも拝見したが、今回も鳥肌がすごかった。

さて、その200年前、1821年に何があったか。歴史が得意な方はすぐにピンとくるのだろうか。「大日本沿海輿地全図」、俗にいう「伊能図」が完成した年なのである。

そう、この落語は、初めて実測による日本地図を作った伊能忠敬の物語なのだ。

志の輔師匠が落語会の帰りに友人の誘いで、千葉県香取市にある伊能忠敬記念館に立ち寄ったことがきっかけで生まれた落語。行く前は、「初めて日本地図を作った人」程度の認識だったそうだが、そこに展示されていた江戸時代に作られたというその地図を目の当たりにして、その精緻さに鳥肌が立ち、「この偉業を伝えたい」と落語を創作することにしたのだという。

だが落語の世界の人物というのは、どこか抜けている人だったり、お気楽に生きている人だったりするから、「落語は偉人を語るのに向いていない」と苦労された様子。落語完成までに4〜5年はかかったという話もあるから、師匠の思い入れも強い超大作になっている。

伊能忠敬という人物。下総国香取郡佐原村（現在・香取市佐原）にて、跡取りを求めていた伊能家に婿入りし、36歳で名主となる。名主として、貧民救済の活動を積極的に行っていたという記録が残っている。村民たちのことを考え、あらかじめ飢饉に備えて米を買い入れ備蓄し、そして利根川の大洪水によって農民たちに大損害が出た際に、忠敬は身銭を切って米や金銭を分け与えた。貧困で苦しんでいる人を調べ、特に救済を行った。このような活動を続け、佐原村から一人も餓死者を出さなかったという。

伊能家を再興させ財を成し、家督を譲り50歳の時に江戸に出た。そして天文学に興味を持ち、忠敬よりも19歳も年下である天文学者の高橋至時《よしとき》に弟子入りし、西洋暦法、測図法等を学ぶ。天体観測などでも実績を残しながら、１８００年、幕府に願い出て、蝦夷地測量に着手する。当時、忠敬は55歳である。測量のために歩幅を69センチと一定化し、17年かけて全国各地を測量して歩いた。その距離、ほぼ地球1周分にも及ぶ。そして、完成した実測図は幕府に上呈された——。

「我が郷土の英雄っていったら、ちゅうけいさんしかいないでしょう！」

そんな偉業を残した伊能忠敬を、NHK大河ドラマで取り上げてもらおうという〈伊能忠敬大河ドラマ推進プロジェクト〉が、香取市役所に立ち上がる、というところから、落語「大河への道」は始まる。ちなみに、地元では親しみを込めて「ちゅうけいさん」と呼ばれている。

　プロジェクトは、50歳を超えた総務課主任の池本と、軽いノリの部下・木下が中心となり、脚本家に依頼するが、意外な事実を知ることになる。

　忠敬が生涯を終えたのが1818年。そして、伊能図が完成したのは1821年。なんと、地図未完のうちに亡くなっているのである。初の日本地図を作ったのは、忠敬ではない……？　しかも、忠敬の死から完成までの3年間、その死は世間には伏せられていたという事実。

　その3年の間に何があったのか――。至時の息子である幕府天文方の高橋景保を筆頭に、測量隊の完成までの道を辿る〝江戸時代パート〟と、香取市役所で大河ドラマを目指す〝現代パート〟を交互に描いていく。

「最終報告。伊能忠敬なる人物、ドラマに収まるほど、小さき人間ではなかった」

　ある理由から大河ドラマにはできないという結末になるのだが、この主任の言葉が響く。忠敬という人物はもちろん、落語も非常に壮大な話になっている。

もう一つ面白いのは、伊能忠敬の物語なのに、本人が一切登場しないところ。なのに、忠敬という人物が立ち上がってくる。構成、描写、言葉、すべて「お見事！」としか言いようのない落語。「歓喜の歌」と同様に、サゲの後に特別な演出がある。スクリーンに映された伊能図に、衛星写真を元にした現在の地図が重ねられて、改めてその精緻さ、成し遂げたことの偉大さを体感できるというラスト。志の輔師匠が初めて見たときのように、間違いなく鳥肌が立つはずだ。

この「大河への道」を観て同様に鳥肌が立ったのであろう中井貴一さんが、直接師匠に電話をして実現した映画は、これまた素晴らしかった。

落語ならではのテンポの良さや笑いのポイントがありながら、設定やラストの展開を大胆に変更したことによって、現代のわたしたちに響くような映画ならではのメッセージが込められていた。「大河への道」は小説化もされたので、入り口はどこからでもいいが、それぞれを見比べる面白さがあると思う。

落語、映画、ドラマ、舞台、小説。

同じ作品を〝鑑賞する〟と言っても、観る場所によってこうも楽しみ方が多様になるのか、と落語が落語の枠を超えていったことに感激した今日この頃である。

末廣亭六月下席

木造の建物は雨が似合う。

2020年6月、久方ぶりに新宿末廣亭の前に立ったわたしは、しばし見惚れてしまった。

月曜日の昼、朝からつづく雨は弱まる気配もなく、新宿を歩くほとんどの人は、水たまりができているコンクリートの地面と睨めっこをして、足早に目的地へ向かう。そんな中でも足を止め、外観を拝む価値が、新宿末廣亭にはあると思う。東京にある定席（常設の寄席）としては唯一の木造の建物なのである。表には、寄席文字という独特の書体で書かれた看板、そして今日の出演者の名前がずらりと並ぶ。見ているだけで江戸にタイムスリップしたような感覚……。

情緒ある佇まいにひとり感動しながら、窓口へ。「大人の方は3000円になります」と言われ、すかさず、日本で唯一の演芸専門誌「東京かわら版」6月号を提出する。木戸銭（入場料）を割引してくれるのだ。末廣亭では300円の割引、コンビニのコーヒーが3杯飲めちゃいます。そして月1回の割引を使ったしるしに、番組表が案内されているページに末廣亭のハンコを押してもらえるのも、楽しみの一つである。同じ月に他の寄席にも行ったときなんかは、各寄席のハンコが並び、スタンプラリーをしているような心持ちになる。

傘をたたんで袋に入れて、手をアルコール消毒して検温して……、とやっている間に、中から開口一番の前座さんの声が聞こえてきた。

だけど焦ることはない。途中入場、途中退席が自由な寄席では、12時から昼の部が始まっていても、15時に来る人もいれば、16時半の終演を待たずして14時に出ていく人もいる。もっと言えば、末廣亭は昼夜入れ替えなしなので、昼の12時から、夜の部の終演21時までいるような人もいる。滞在時間は人それぞれだ。

そして、中ももちろん、伝統的な寄席の雰囲気が味わえる造りになっている。1階席の中央には椅子席があり、それを挟むように上手下手に畳敷きの桟敷席がある。桟敷席が設置されているのも、東京の定席で唯一である。2階席は雛段になっているらしいが、実はまだ行ったことがない。

時節柄、お客さんが隣り合うことや前後に重なることがないように、一席おきに「使用禁止」の貼り紙があった。桟敷席の後ろにある廊下の窓は開けられて換気がされ、普段はお弁当などが売られている売店も閉められていた。これまでとは、また違う空気感で少し緊張したけれど、それでも入った瞬間に感じる木の匂いに一瞬で肩の力が抜けた。

周りを見ても、いつもの寄席同様リラックスした様子のお客さんが多い。ドリンクホルダーには各々持ってきた飲み物を置き、お菓子をつまんでいる人もいれば、腕を組んで首を垂れ、目をつむって聴き入っている（？）人もいる。わたしは家で淹れてきたコーヒーを飲んで、一息。

前座さんも10分弱の出番を終えて一息……なんてわけもなく、またすぐ高座に出てくる。ここからが大忙しなのだ。前の演者が終わったら、次の演者が上がる前に座布団をひっくり返し、羽織があれば片づけ、演者の名前が書かれためくりを返す「高座返し」をして、出囃子の太鼓を叩き、高座にかけられたネタを楽屋帳に記録する。楽屋では先輩方にお茶を出したり、着替えの手伝いをしたり、とにかく動き回っているのだそうだ。

「だから前座から二ツ目に昇進したときは、真打になるときよりもうれしい、と噺家はよく言います」

自由を感じたと、高座で喜々として語るのは二ツ目の古今亭志ん吉さん。「NHK新人落語大賞」では、ここ3年の間に二度も本選に出場している若手実力派である。前座時代、難しい漢字の落語の演目、たとえば「蒟蒻問答《こんにゃくもんどう》」や「蜘蛛駕籠《くもかご》」を誰かが演じたときに、楽屋帳に書くのが大変だったというエピソードから始まり、字の読み書きができない人が、字の読み書きができない人に手紙の代読をお願いしにいく落語「手紙無筆」を演じた。

打って変わって次は色物、マッシュルームカットののだゆきさんが鍵盤ハーモニカを使って、ゆる〜く〝音楽パフォーマンス、みたいなもの〟を繰り広げる。その後、「頭の良い楽器使いまぁ〜す」とリコーダーをとっておきの笑顔で出した時には、客席はシーンとしていたけれど、たぶん、わたしと同じようにみんなマスクの中でにやにやしていたはずだ。

徐々にあったまってきた高座に次に登場したのは、少し緊張した面持ちの柳家小はださん。5月に二ツ目に昇進してから、ずっとネット配信での高座だったようで、ようやく昨日から寄席でのお披露目が始まったという。「真田小僧」の悪賢くて巧みな話し手である金坊をかわいらしく演じた。

こちらの二ツ目昇進お披露目の後ということもあってか、つづく三遊亭萬窓師匠も前座時代の話から始まる。新宿の占いに行ってみると、一緒に行った前座仲間が「転職したほうがよい」と言われる。理由を問うと、「あなたの芸を見たことがあるから」とズバリ言われたそう（笑）。落語みたいな話だ。だけど実際、のちに彼は落語家を辞め、今では一部上場企業の重役になっているというから、占い師の未来を見る目、いや芸を見る目は確かだったのかもしれない。

信心から起きた奇跡が主題になっている「ぞろぞろ」を演じる。お稲荷様にお参りに行っていたら、閑古鳥が鳴いていた茶店が繁盛したという落語。「世にも奇妙な物語」的展開、そして客が次々と来る雨の場面でまさに実際の雨音がＢＧＭとなり、小気味よい一席だった。

小気味よさで言ったら、浮世亭とんぼさんと横山まさみさんの漫才の関西弁とテンポもまさに。今回のコロナ禍でよく耳にするカタカナ言葉を食べ物に聞き間違えるネタは、つい口に出して真似したくなってしまった。サーモグラフィーを「サーモンのピラフ」、パンデミックを「パンでミルク」……なんと平和なのでしょう。

東京のお客さんは、一人が笑えばみんなつられて笑ってくれる。大阪出身の二人が東京と大阪の違いについて話していたのを引き取ってか、次に出てきた古今亭菊之丞師匠は、江戸っ子と関西人、この二人だけの掛け合いで展開される「長短」を演じる。

短気な短七さんと、気の長い長さん。江戸の威勢の良い言葉と、京ことばではんなりとした言葉。正反対の二人を見事に演じ分けていて、まるでそこに二人いるかのように見えてきたほどだ。見事な芸だった。

２０２０年４月３日に寄席が閉まってから、YouTubeデビューをされて落語を配信していた菊之丞師匠だったが、この日が寄席復帰初高座だったという。

「このあと、もっとすごいYouTuberが出てきますからねぇ」

わたしが自粛期間中に最も長い時間観たYouTubeチャンネルの主、春風亭一之輔師匠が登場。「待ってました！」と、客席から声が掛かる。もちろん、わたしも言いました、心の中で。本物が目の前に現れたことで、改めて、今まさに寄席にいることを自覚して感動が湧いてきた。

ふと周りを見れば、開演のころには20人ほどだった客も倍近くになっている。一之輔師匠も、人数制限しなくても同じくらいですけどねと、笑いを誘う。

当日、一之輔師匠が家を出るときに交わされたという子どもとの会話。これがまた落語のような掛け合いになっている。

「このご時世、やるの？」

「うん」

「来る人いるの？」

「うん。しかも、笑わない人もいるんだよ」

「どうかしてるね！」

そして、〝どうかしている者〟が出てくる「鮑のし」を演じた。

楽しい時間はもう本当にあっという間。と言いながらも、まだ半分も紹介できていないのです。ストレート松浦さんの汗だくなんだけど終始チャーミングなジャグリングに、「権助芝居《ごんすけしばい》」という落語がつづいて、百眼《ひゃくまなこ》という寄席芸で線香花火の物まねをしてくれる御年74歳のパワフルな金原亭馬の助師匠。「銀は金より良い、銅は金と同じ、鉄は金を失うが酸化（参加）することに意味がある」とメダルの意味を再認識するような洒落から「つる」を演じた柳家小団治師匠……。

ここまで約2時間の間に、11組の芸人さんが登場しているってすごい。これはもう、ディズニーランドのパレードみたいだ。次々と個性豊かでおもしろい芸が見られるから飽きないのだ。

最も見入ってしまったのは林家正楽師匠の紙切りかもしれない。白い紙一枚とはさみ一丁だけで、どんなものでも切ってしまう。毎回、客席からの注文を受けてくれる。今回は「相合傘」「日食」「6月の花嫁」「アジサイ」といった、季節の感じられる美しいものばかりだった。前日は、馬、牛、豚、と動物ばかりだったらしい。

注文した人は完成品をお土産として持ち帰れるから、遠慮せずに声を上げたほうが良い。……と毎回思うのだけれど、緊張してしまって今回も出来なかった。名人芸であり、職人技である正楽師匠の紙切りをまた寄席に拝みに来たい。

切るつながりで床屋が舞台の「浮世床」を演じたのが、柳家小満ん師匠。床屋はむかし、若い連中の溜まり場だったそうで、そこで繰り広げられる無駄っ話を御年78歳の小満ん師匠が若々しく巧みにやられたところで、お仲入りだ。

この休憩時間にお弁当を食べる人が多く、わたしも買ってきておいたパンを頬張ると、またすぐに落語の世界へ。

お腹が満たされて眠くなりそうなところへもってきて、「あくび指南」をやる古今亭志ん陽師匠。恰幅の良い体で、ゆらゆら船に揺られあくびが出るところを見ると、こちらまであくびが出てしまった。マスクをしていてよかった。

「ありがたぁ〜い、お客様がいるぅ〜」と登場したダーク広和さんの赤いジャケットを見て目が覚める。「良い手品でしょ〜?」「すごいでしょ〜?」という独特の話術に引き込まれながらリラックスして見ていると、本当に凄い手品をさらっとやってしまうから、油断ならない。

終盤に近付いてきて、これが終わったらどこに立ち寄って帰ろうかなぁ、と客が考え始めるころに、酒飲みの噺「親子酒」をやる柳家小さん師匠。ちょっと共感できるリアルな落語の後は、神秘的な「鼓ヶ滝」を上品に演じる三遊亭歌奴師匠。そして、日本の伝統的な曲芸の一つである太神楽の翁家勝丸さんが末広がりで縁起のよい和傘、その名も〝ワガサ・クリスティー〟を使って、さまざまなものを回す。

そしてお待ちかねの大トリは、古今亭菊志ん師匠。持前の明るいオーラと軽快なテンポで演じられる「厩火事」は、笑いが絶えなかった。夫婦喧嘩の相談から始まる噺なのに、最初から最後まで、きっとこの夫婦は仲良いんだろうなぁと、ほのぼのできる愛らしい一席になっていた。

数か月ぶりに味わった寄席の空気を持ったまま外へ出て、新宿末廣亭の前に立ったわたしは、やはりしばし見惚れる。

寄席に流れる時間が、全部好きだ。

寄席によせて

外に行けないとプラモ作りがはかどりますね。
パチン
パキン
ますよね？
ますとも！
ふんふんふんふーん
東京タワー スカイツリー 東京ドームはプラモになってますね
「芝居小屋」はプラモがあります。スケール1/60 表だけだそうですが
※松・カラーパウダーつき
末廣亭のプラモデルはアリだな
1:144 SCALE
売店でおみやげに買って帰ろう!!
内側は
ブロックのミニフィギュアで再現すると楽しいね
色物もセットできる
12インチのミリタリーフィギュアを改造すればこんなのもできそう
五代目 柳家小さん 1936 歩兵第三聯隊 二・二六事件
"Kosan"
PRIVATE
3RD INFANTRY RE
REBEL FORCE
26TH FEBRUARY 1
反乱部隊で「子ほめ」をやる場面を再現しよう
チラシ

真打はスタートライン

今わたしは、女優としてどのあたりにいるだろう。

先日、既に真打昇進が決定している春風亭ぴっかり☆さんのこれまでの落語家人生のお話を伺いながら、ふと思った。

わたしは２００６年に女優を始めてから丸15年経ち、16年目に突入している（21年当時）。いよいよ人生の中で、女優になる以前よりも女優としての時間の方が長くなってきた。

もう芸歴からすると確実に若手ではないが、案外、そう思えるようになったのはここ3、4年のこと。では、若手ではない、としたら、今自分は何なのだろう、と思ったりする。中堅とか、ベテランとか、自分自身で区別する必要はないとは思うが、周りからどのように見られているかということは、認識して自覚しておくべきだと思っている。

ぴっかり☆さんは、わたしのデビューと同じ2006年に、春風亭小朝師匠のもとに入門している。

入門。一門に入る。

俳優の世界では使わない言葉なのでいまいちピンとこないが、入るために門を叩くには相当な覚悟が必要なはずだと想像する。ある日突然スカウトされて、チケットを渡されたようにしてこの世界に入った身としては、凄いことだな、と思う。入社試験のように、エントリーシートや履歴書を書いて提出すればいいっていうものでもない。大々的に募集をしているわけでもないから、今弟子を求めているのか、取ってくれる気があるのか分からないまま、師匠のもとへ直接足を運び、直談判する。

寄席や落語会の出演情報を調べて、いつどこにいるかを確認し、外で出待ちをして弟子入り志願をする、という話をよく耳にする。だがぴっかり☆さんは、もっと大胆だったようで。

「独演会の昼夜の間に、楽屋に突入しました。小朝師匠はご飯を食べていて、『本当に落語家やりたいの?』って半笑いで聞かれましたね」

さまざまな落語家さんの弟子入りエピソードを聞くと、たいがい一度は断られている。冷静になって考えなさいとか、親御さんを連れてきなさいとか言われて、本当にやる気があるのならば、もう一度来させる。それこそ芸能プロダクションのようなオーディションや面接があるわけではないし、師匠によっても判断基準はちがうだろう。だから対策の仕様がない。落語家になりたいのだという気持ちだけを持っていくしかない。

どうせ断られると思って、何度でも来るぞと意気込んでいたぴっかり☆さん。だから、「取るよ〜。明日からおいで」とあっさりＯＫが出たら、そりゃあ拍子抜けする。

そして翌日、言われた通りに現場に行くと、「君、『ぽっぽ』っていう名前になったから」と告げられ、早速師匠のカバン持ちから、見習いとして修業が始まる。こうして入門した日から怒濤の落語家人生がスタート。

入門して翌日に名前をもらえる、というのは珍しいことだ。そういえばわたしも、事務所に入ったときには、「南沢奈央」という芸名だけではなく、ＢＳのドラマの主演の仕事も決まっているという、目まぐるしいスタートだった。だけど芸名をもらったことで、新しい人生が始まるという実感がすごく湧いたのを覚えている。

わたしは何事もない限りは一生「南沢奈央」として女優の仕事をしていくつもりだが、落語家さんの場合、そうしたくともそうはいかない。

名前が変わっていく。どのように、いつ変わるか。はたまた、変わらないのか。それはすべて師匠次第。前座時代の「小あさ」から表記を変えただけでずっと「小朝」という名前でやられている師匠だが、弟子のぴっかり☆さんはというと、前座時代は「ぽっぽ」、二ツ目で今の名前になり、すでに二つの名前でやってきた。

新しい名前は師匠の心の内では決めてあったが、この段階ではまだご本人は聞いていないのだとか。「一択、拒否権なし」の名前がどんなものになるのか、わたしも楽しみにしていた。

「ある意味、今までの活動を一旦捨てることになるのでこわいですね。またここからが勝負です」

10年のあいだ、「春風亭ぴっかり☆」という名前で積み上げてきたものを一度リセットすることになる。わたしも前事務所から独立するとき、不安に感じていたことの一つに、名前問題があった。もし名前を変えなければならないような状況になってしまったら、仕事をする上で新しい名前が浸透するまで苦労しそう……。名前を知っていて仕事をくださる人、作品を見ようと思ってくださる人が多いはずだからだ。だから、「南沢奈央」という名前を変わらず使えることになったのは、わたしにとって、それまでのキャリアをそのまま持って戦える安心材料になったことは間違いない。

とは言え、顔が変わるわけでも、芸がリセットされるわけでもない。俳優が改名したら、〝何かあったのかな〟と思われがちだが、落語家さんの場合は、名前が変わることで昇進したことも明白になるし、どこか格が上がる感じもするので、ぜひ新しい名前を力に変えていただきたいところ。

そして、新しい名前をお客さんに知ってもらうためにも大切なのが、真打昇進のお披露目。新真打の披露興行が、定席の各寄席を中心に行われる。最初の晴れ舞台とも言える。各団体の幹部や自分の師匠、所縁《ゆかり》のあるゲストが集う。仲入り後に行われる口上が一つの目玉だ。ずらりと諸師匠方が並ぶ。一番緊張する瞬間でもある、と聞いたことがある。トリにはもちろん、新真打の落語。

この興行の裏には〝番頭〟という役割の人がいることを知った。ぴっかり☆さんは、２０２１年の3月下席に真打昇進した九代目春風亭柳枝さんの番頭さんを務めていた。番頭さんは主に、マネージャーのような仕事をするという。その期間は高座にも上がらず、準備や後片付けから始まり、打ち上げの差配、ご祝儀や頂きものの管理など、新真打を支えるための仕事に集中する。

おもしろいのが、こういうときに外部の人は決して入れないということ。すべて仲間内でやる。しかも番頭さんを務めるのは、一門の近しい後輩。柳枝さんもブログに「後輩のありがたさを実感した次第」と感謝を綴るように、後輩の力なくしてお披露目はできない。番頭さんを務めたぴっかり☆さん自身も、自分が真打になるときのために勉強になったと話していた。

こうした習わしは落語界の階級制度の良さだな、と思う。前座、二ツ目、真打。それぞれの役割がはっきりしている。

だから前座から二ツ目に昇進したら、その日から前座仕事は手伝わない。むしろ、〝やってはいけない〟。

「記憶は、ほぼない」。笑いながらもそう話すぴっかり☆さんの様子からも、前座時代はとにかく大変、多忙なのだということが想像できる。住み込みならば師匠の家で、そうでなくても弟子は師匠の家の近くに住み、いつ呼び出されてもすぐに駆け付けられるように、携帯を枕もとに置いて寝る。いつ電話が来るか分からないから気が気じゃなくて、なかなか寝られないのだそう。美容院で師匠から電話が来たときには、髪の毛を洗ってもらったままで師匠の家へ飛んで行ったこともあるという……。

自分の時間がない。だがそんな生活の中でも、落語を覚えなくてはならない。まともに稽古する時間がないからこそ、寄席での時間は大切だ。寄席に行けば、前座としてとりあえず高座に上がることはできる。うまくできなくてもお客さんの前でやることができる。そして終われば、先輩方の落語を袖から見て勉強することができる。

と言いつつも、寄席の楽屋での仕事も多い。お茶を出し、先輩方の着付けを手伝い、高座を終えた方の着物を畳む。その他にも、出囃子の太鼓を叩いたり、楽屋帳をつけたりも。

楽屋帳というのは、出演者がやった演目を記録するもの。何人も出演する寄席では、演目の内容が重複しないようにこれを確認して、その日やる演目を決める。たとえば、酔っ払いが登場する落語の後には、別の噺であろうと、酔っ払いが出てくる噺はNG。酔っ払いでなくて、酒だけ出てくる程度ならOK、など素人には分かりえない微妙なラインがあるようだが。ちなみにこの楽屋帳は、いまだに墨をすって、筆で書いているそうだ。一度は生で本物を見てみたい落語グッズの一つである。

このネタかぶり問題は若手であればあるほど大変なのでは、と思う。前座は開口一番にできるから良いとしても、二ツ目になったらバランスを見る。昇進にあたって、何席（いくつ）ネタを持っていなければならないという条件は特にないらしい。だから前座時代に一つの落語を磨き込んでいく人もいれば、なるべくネタ数を増やそうという人もいるのだそう。でもネタかぶり問題を回避するためには何席か必要なわけで。二ツ目になったら、本格的に持ちネタを増やしていくことが必須だろう。

二ツ目になるときが、一番うれしい。そんな話は、寄席でもよく聞く。まず、寄席に通わなくていい。自分の出番があるときだけ寄席へ。そして楽屋ではお茶を出してもらえて、座布団の上に座れるようになる。自分の出囃子で高座に上がれるようになり、自分の着物も畳んでもらえるようになる。かなり大きな変化だ。二ツ目になって、いよいよ落語に集中できるようになるのだろう。真打昇進を控えていたぴっかり

☆さんもいまや持ちネタが百席くらいはあると言う。作品が終わるごとに台詞を消していく仕事をしているわたしとしては、頭のどこにそんな量をストックしておけるのか、信じられない。

そして、いよいよ真打になる。

前座5年、二ツ目10年のぴっかり☆さんは、「真打昇進は一つの目標だった」と言いながらも、「こわい」という言葉をたびたび使っていたのが印象的である。

前述したように、名前がまるまる変わることへの「こわさ」。さらに、「師匠」と呼ばれるようになる。真打になるということは、つまり、自分の師匠と同じ位になるということだ。

「師匠の前では、いまだに震えるくらい緊張します。15年一度も抜けない」

入門から変わらず、ぴっかり☆さんにとって小朝師匠は〝絶対的存在〟で、その大きさは計り知れない。師弟関係は、あえて表現するなら〝親子〟の感覚に近いと言うが、それだけ緊張がなくならないというのは、ただならぬ親子関係である。それほどの威厳が、きっと師匠という存在には備わっているのだろう。その師匠と同じ位で落語をやっていくことを考えると、「こわい」という言葉が漏れるのもうなずける。

小朝師匠に関して、ぴっかり☆さんから話を聞いて驚いたことがある。

師匠ご本人からは、一度も落語の稽古をつけてもらったことがないのだそうだ。「この人のこの噺を習ってきてください」と指示され、時には台本をもらうだけ。弟子たちは他の師匠のもとへ出稽古に行くのだ。

師匠が落語を教えてくれないのだとすると……師匠とは一体、なに？？

そんなことを思いつつも、色んな師匠に稽古をつけてもらう、というのは、それはそれで別の良い効果を生みそうだと、演劇のことを思い出しながら思った。どちらが良いとかそういう話ではないが、演劇でも、劇団で一人の演出家から同じ演出方法で教わってきた俳優さんの話を聞くと、みっちりそのメソッドで鍛え上げられると言っていた。基礎や地の力が確実に付く。また、その劇団の文化、ひいては思想も体に染みついていくことになる。一朝一夕にはできないことだから、そういう場が羨ましいと思うし、実際に見ていて芝居に対する確固たる何かを持っていることは、心から尊敬する。

だが一方で、他の演出家さんの演出を受けたときに、ちがうアプローチの仕方で戸惑うこともあるのは想像がつく。わたしは劇団に入ったことがないから、さまざまなジャンルの作品でさまざまなタイプの演出家さんに出会う。そのたびに心の中で自分に言い聞かせているのは、「郷に入っては郷に従え」。一人の演出家さんが言うことを引きずりすぎないように心がけているのだ。かと言って、捨てているわけではなく、胸に仕舞っておいて使えそうだったら使うけど、反発しそうだったら、今日の前にいる演出家さんの演出に従ってみよう、そういう気持ちでいれば、毎回新しい現場でも戸惑いが少なく、楽しむことができる。もちろん苦戦もするけれど。

だが、落語における、稽古をつけてくれる師匠は、〝演出家〟と言い換えることもできないから難しい。師匠は現役の演じ手であるから、技術を見せてくれる〝演者としての先輩〟である。また、古典落語をどのように解釈したかという〝翻訳者〟、構成の仕方を見せてくれる〝編集者〟とも言える。

さて、教わったら、あとは実践あるのみ。ぴっかり☆さんが初めて高座に上がったのは、入門からわずか3か月後のことで、それは突然やってきたという。

「今日やって」

小朝師匠に突然言われ、落語会の開口一番を務めた。初高座でやった「狸札」で、緊張のあまり絶句してしまったという話は、同じく舞台に立つ身としては、想像するだけでぞっとするが、さすがぴっかり☆さんは明るい。

「『この後たぬきはどうなるんでしたっけ……？』とお客さんに聞いちゃいました」

3年ほど前、初めてぴっかり☆さんの落語を見たときに感じた、肝の据わった感じが、まさにこの通りで、どんなハプニングが起ころうと、持前の華やかさと明るさでチャーミングに解決してしまう。内心はどうか分からないけど、怖気づいたりすることもなく、丹田にぐっと力が入っているような、堂々とした佇まいがかっこいいのである。初高座の夜公演には、また師匠の突然の振りに応え、「平林」という別の落語をやったというからすごい。

そんなぴっかり☆さんはやはり、寄席でも前座としていろいろな型破りな試みをしていたようだ。本来、寄席で前座は一人しか高座に上がれないのだが、開演を早めて3人の前座が落語をやったり、初高座の自分と同じように絶句してしまった後輩を助けるべく、太鼓を叩いて下ろさせて、続きをやってあげたり。

未熟なままお客さんの前に出ることに不安や怖さはなかったのかと問うと、答えは、切実だった。

「とにかく高座に上がりたかった。数がやりたかった」

客前で落語をやることが何よりの稽古で、一人でやっていたって完成しない。前座はマイクなしで落語をやるから、寄席に出ていると自然と喉も鍛えられてくる。お客さんの反応を見て、また調整して、反応を見て、変えて……の繰り返しで、持ちネタを磨いていく。持ち時間が決まっているから時間の管理ができるようになっていく。自分の出番が終われば、先輩や師匠方がやっている落語を近くから見て噺も覚えられる。あとは、客席の空気を読めるようになると言っていたのは印象的。

「あ、今日は初めてのお客さんが多いなぁとか、マニアックな方が多いなぁとか分かるんです」

客席の空気を見ながらも、「自分の軸の中でどれだけお客さんに寄り添うか」。

「まだまだ全然できないですけど」

そう言いながらも、確かに何かを摑んでいる自信のようなものが、声の力から感じられた。

失敗を恐れずに思い切りやること。

これはわたしの中でも目標であるし、それができる勇気を持っている人はすごいと思っていたけど、実はそれだけではないんだと気づかされた。いつ何が起きても対応できるような構えでいられるように、経験や努力をしてきたのだ。だからこそ、思い切れる。

ぴっかり☆さんが、小朝師匠から一度も落語の稽古をつけてもらったことがないという話には、〝師匠とはなんぞや〟と考えさせられたが、話を聞いていくと、小朝師匠の師匠たる所以《ゆえん》はすごくよく理解できる。小朝師匠の会でぴっかり☆さんが出演するときには、必ず小朝師匠は袖から見てくれるのだそう。そして、袖に戻ると師匠がいて、次のご自身の出囃子が流れ出番が迫る中、駄目出しや課題をバーッと言ってくれる。

たとえば、次は語尾をすべて変えてやってみろ、ということも。口慣れて覚えたものをぶっ壊す。〝台本通り〟を壊していく。台本の中で作っていく俳優とは、まったくちがう作り方である。言われたときは意図が分からなくて「せっかく覚えたのに！」と思っていたそうだが、でもそうして覚えたものを一度壊していくことで、自由に自分の言葉で喋れるようになっていったのだという。きっとこれが初めから、「もっと自由に自分の言葉でやってみろ」と言われても難しいことだろう。ヒントの与え方がさすがである。だからこそ、真打になれば師匠から言ってもらう機会が減っていくことすら「こわい」のだろう。

だがすでに、ぴっかり☆さんは実力派というイメージが強い。それは実際に落語を観てもそうだし、NHK新人落語大賞で何度も本選まで出場されているからだが、本来師匠からは「賞レースには出なくていい」と言われていると聞いて、意外だった。「今年受けな」と突然師匠に言われて応募すると、4回中3回本選まで行くというミラクル。どういう時にGOサインが出るのか想像もつかないが、その時のぴっかり☆さんの状態を見て言っていることには違いない。ぴっかり☆さんの言葉の通り、「神がかっている」。

「芸事に関しては厳しく示してくれる師匠」だと、小朝師匠について語る時のぴっかり☆さんの口調から、師匠に対する絶大なる信頼と尊敬が感じられる。「示してくれる」と言うように、師匠は落語を教えてくれるだけではなく、落語家としての姿を背中で見せ、時に、弟子を師匠の考える道へと導く。そんな存在なのだろう。

真打までの道のりは師匠に導かれてきた。だが、真打になってから、ここからの歩み方はそれぞれに委ねられる。師匠の背中を追うもよし、自分の道を切り開いて行くもよし。

その積み重ねられた15年をもって、いよいよ真打になるぴっかり☆さんは言う。

「真打はスタートライン」

同じく芸歴15年のわたしも、ようやく、スタートラインに立てたくらいなのだ。まだまだ、これからである。

寄席によせて ⑩

えー私ども漫画家の世界でも
デビューするとベレー帽を被りまするが
あっマンガ家だ
漫画協会は「濃緑色」
漫画芸術協会は「黒茶色」と決まっています
これを師匠から頂くんですね
ははーっ
最近のお弟子さんはもらいたがらぬそうで師匠の家はベレーが天井までぎっしり
ガラッ
ベレー帽は使い道がないとさ
むしろ身バレするって知ってるか？身バレ
はいまあ
なんていうのはまっかなウソ
私には漫画の師匠はおりません
学生寮に住みながら勝手に漫画家を始めましたのでね
あーっ
仕事しつつ大学のゼミで江戸東京博物館に行ったとき伝統工芸江戸筆の亀井さんに出会ったのです
博物
江戸筆
墨汁でなくすった墨を使えとかこういう線ならこっちの筆がいいとか
へー
墨は水溶液ではなくコロイドだよとか
以来すでに四半世紀はたちましたか……
こと筆・墨・硯については亀井さんが私の師匠のように感じております
でんでんでんでんでんでん！

気になる上方落語

落語を聴き始めて15年以上になり、東京で寄席に行くと、初めて聴く落語というのはほとんどない。一度は聴いたことのある落語ばかりだ。だが、大阪に行くと話は変わる。２０１９年から4年の間、月に一度大阪に行き、上方落語を聴いていたが、それでも毎回、知らない落語に出会う。

わたしは、ＮＨＫ大阪放送局で上方落語や上方演芸を紹介する番組「とっておき！朝から笑タイム」（略して「あさ笑」）の案内役をやらせていただいていた。そこで紹介する落語は、毎月ＮＨＫ大阪ホールで開催される「上方落語の会」で公開収録している。２０２２年から落語だけでなく、漫才などの色物さんも入ることになり、寄席のように楽しんでいただける形となった。応募すれば、どなたでも無料で観ることができる贅沢な演芸会なので、ぜひともチェックしていただきたい。

また、この会の様子は、「あさ笑」の他に「日本の話芸」、ラジオ「上方演芸会」でも放送している。その「上方落語の会」が行われる日に合わせて大阪に行き、「あさ笑」のトーク収録の合間に落語を観させていただいていたのである。

4年間、毎月三〜四席は番組で紹介してきたが、「初めて聴きます」という言葉がなかなか減らなかった。東京でもやる噺だとしても、上方バージョンになっている場合が多いというのがまずある。分かりやすいところで、東京では「時そば」だが、上方では「時うどん」とか。あとは東京でやる人が少ないような、関西が舞台となる噺がある。そもそも傾向としても、渋さを好む江戸っ子、派手さを好む上方の人に合わせて、よく高座にかける落語が東京と上方では違うようだ。上方には人情噺がほとんどないとも聞いたことがある。

たしかに、初めて上方落語を聴いたときの第一印象は、〝にぎやか〟で〝陽気〟。大阪弁のリズムや勢いに圧倒され、さらに上方落語ならではのハメモノによってさらに盛り上がる。東京との違いの一つに、このハメモノがある。三味線や鳴り物のことだが、旅の道中の浮き浮きした場面や、遊郭などのお座敷の場面で演奏され、噺に立体感が出る。

同じ落語とは言え、東京と上方では他にもいくつか違いがある。まず高座の様子。

東京では座布団一枚のイメージだと思うが、上方では座布団の前に見台という小さな机が置かれる。その上に小拍子があり、落語の最中、場面を変えるときや噺の合いの手として見台を打って音を出して使う。さらに、演者の膝を隠す、膝隠しという衝立もある。一度番組で、上方の高座のセットに座り、小拍子を使わせてもらったことがあるが、うまく音が出ると、テンションが一つ上がるような感覚になった。これを落語の中で使いこなせたら、リズムが作れて、噺を前へ前へと進める力になりそうだと思った。

寄席に行ったらすぐ分かる違いが、もう一つ。座布団を裏返したり、出演者の名前が書かれためくりをめくったりするのは、東京では前座さんだが、上方では女性のお茶子《ちゃこ》さんが担う。着物の女性がてきぱきとこなす姿は美しい。これも上方落語の華やかさの要因の一つかもしれない。

また、前座、二ツ目、真打といった身分制度が上方にはない。真打制度の代わりとして、芸歴5年以上を二ツ目に相当する〝中座〟といい、15年以上を真打と同格にしているようだ。若手落語家の登竜門とされるＮＨＫ新人落語大賞の参加対象を「入門から15年未満で、東京では二ツ目、大阪では二ツ目に相当する落語家」という言い方で説明しているのもこういう訳だ。

そして秋はそんなＮＨＫ新人落語大賞の季節。落語界で最も大きな賞レースだ。毎年10月に本選が行われ、その様子が11月に放送される。わたしは2017年から林家たい平師匠とともに、司会を務めさせていただいている。たい平師匠は、ご自身も1993年、NHK新人演芸大賞としてお笑いと落語が同じ枠で競っていた頃に出場。大賞は爆笑問題さんで、師匠は優秀賞を取られた。その後、2014年にお笑い部門と落語部門が独立し、現在の形になっている。

わたしが携わって7年目になるわけだが、2017年に三遊亭歌太郎(現・志う歌)さんが大賞を取り、その翌年からは4年連続上方の落語家さんが大賞を獲得している。桂三度さん、桂華紋さん、笑福亭羽光さんと続き、そして2021年、桂二葉さんが女流落語家として初めて、しかも審査員全員の満点の評価を得て大賞をつかみ取った。伝統ある賞で三度さんと羽光さんが新作落語で大賞に選ばれたことも含め、いろいろと歴史が塗り替えられる瞬間に立ち会えているような気がする。

二葉さん以外にも個性的で実力のある女流落語家さんが増えている。注目度が高まっているのか、近年、上方の女流落語家を主人公にした作品も増えている気がする。

増山実さんの小説『甘夏とオリオン』は、まさに二葉さんに取材して書かれたそうで、まだ駆け出しの落語家・甘夏の成長の物語だ。ある日突然、師匠が失踪してしまい、さて残された弟子たちはどうするか――というストーリーなのだが、落語の本質的なところも描かれていて読み応えがある。

2022年にアニメ化もされたTNSKさんの『うちの師匠はしっぽがない』は、可愛すぎる落語マンガ。〝大正落語ファンタジー〟ということで、舞台は大正時代の大阪、美人女流落語家・大黒亭文狐と弟子入りした豆狸の女の子、まめだの物語。まめだは、人を化かすことを夢見て大阪に出てきたが、ことごとくうまくいかない。そこで文狐の落語に出会い、噺で人を化かすことのできる芸に感動して弟子入りを志願し、まめだの修業が始まる。

女性の登場人物がメインで描かれていて、それぞれのキャラクターがとても魅力的。まめだはおっちょこちょいで、気を抜くとたぬきの姿に戻ってしまったり。いつも全力でいく姿が愛らしい。

ストーリーの中で落語の場面もしっかり見せ、各話のあいだで登場した落語のことや、上方落語の基礎知識などを説明してくれているので、落語に詳しくない人でも楽しめる。

その『うちの師匠は〜』で、やはり早速、知らない落語が登場した。「遊山船《ゆさんぶね》」という一席。笑福亭の十八番と言われている。

夏の遊びといえば、東京は両国の川開き、京都は鴨川、大阪は大川の夕涼み。大川の難波橋に来た喜六と清八、とても賑やかな様子に心躍る。そこで見かけた錨の模様の浴衣の女性。「さても綺麗な錨の模様！」と声をかけると、女性は一言。「風が吹いても流れんように」。その粋な返しに感心したふたり。喜六は家に帰って女房にも同じように粋な返しを言わせようとするが……という話。夏らしい賑やかさのある、上方らしい噺だ。

ここに登場する喜六と清八は、東京の落語に出てくることはないが、上方ではお馴染みの人物。江戸落語で言うと、熊五郎と八五郎コンビのようである。

まめだが入門してまず挑戦する落語も、そのふたりが登場する「東の旅　発端」。こちらも東京で聴いたことはなかったが、上方ではほぼ全ての落語家が入門して最初にやる噺なのだとか。文狐師匠曰く、「落語の基本がだいたい入ったある」。小拍子と張り扇を見台に叩きつけて、賑やかに、そしてリズミカルに語る。東京で聴く落語とは全然雰囲気が違う。

大阪弁のリズムをつかむために、まめだは魚市場に行かされる。そこで競りを見て、リズムと呼吸を学んでいく場面では、立川談春師匠の修業時代を思い出す。「魚河岸で働いて、礼儀作法からみっちり身につけて来い！」という談志師匠の命によって、弟子はみな築地市場で働かされたというエピソードがある。礼儀作法はもちろんだけど、芸のほうにもどこか血肉となっているのではないだろうか。

さてこの「東の旅」だが、正式には「伊勢参宮神之賑《いせさんぐうかみのにぎわい》」で、喜六と清八によるお伊勢参りの道中を描いた落語。口上から始まり、「発端」「奈良名所」「野辺」「煮売屋」

「七度狐」……といくつもの演目から成るとても長い噺になる。続き物になっているから、むかしは何日にもわたって演じられた落語だそうだ。具体的な地名や名所が登場し、旅をしている気分になれる。

　上方にはこういった、旅ネタというものが他にもいくつかある。東があるとすれば、西南北もある。さらに天国地獄、竜宮、異国へ。西の旅は「兵庫船」、南の旅は「紀州飛脚」、北は「池田の猪買い」。天へ昇るのは「月宮殿星都《げっきゅうでんほしのみやこ》」、あの世へは「地《じ》獄八景亡者戯《ごくばっけいもうじゃのたわむれ》」、地をくぐるのは「竜宮界竜都《りゅうぐうかいたつのみやこ》」（小倉船）、異国への旅は「島巡り大人之屁」。わたしはほとんど聴いたことがない。大阪で聴いてみたい落語の数々だ。

「東の旅　発端」が最初に必ず通る前座噺であるとすると、東京でいったら「牛ほめ」「寿限無」「饅頭怖い」あたりだろうか、と考えていたが、そういえば「饅頭怖い」は上方では前座さんだけでなく師匠がトリにやることもある、大ネタになるのだと聞いて驚いたことがあった。東京で聴くと、15分くらいだろう。それが上方では30、40分になるという。

「饅頭怖い」は、暇をもてあました人々が集まって、それぞれ嫌いなものや怖いものを言い合う。一人、「世の中に怖いものなどない」と言う人物に問いただすと、「饅頭」と答える。それで怖がらせてやろうということで、饅頭をたくさん用意すると「うますぎて怖い」と言いながら頬張っている。騙されたとわかって、「本当に怖いものは何だ」と聞くと、「熱いお茶が怖い」。

上方では冒頭の嫌いなもの、怖いものを言い合うところが膨らませてある。狐に化かされた話をしたり、幽霊を見た話が怪談噺のように演じられ、聴きごたえのある一席となる。

落語と言っても、場所を江戸から上方に移すだけで、まだまだ知らない世界があるとつくづく思う。違いを発見して楽しみながら、上方落語そのものを楽しんでいきたい。笑いの街・大阪でどのように落語が発展してきたのか、興味深いところである。引き続き、勉強させていただきます。

寄席に思いを寄せて

「両協会が〝珍しく〟手を携えて、クラウドファンディングを立ち上げました」

２０２１年５月半ば、コロナの影響で寄席が危機的状況になっていることを受け、「寄席支援プロジェクト」が立ち上がり、「READYFOR」でのクラウドファンディングが始まった。落語協会会長の柳亭市馬師匠と落語芸術協会会長の春風亭昇太師匠が、たびたび支援の呼びかけを行っていた。

寄席は入場制限を行いつつ再開はしていたが、わたしが好きな上野・鈴本演芸場では、しばらく夜の部の休席が続いていた。夜席を閉めての営業はこれまでの歴史上初めてということだそうだ。異常事態である。

「寄席が潰れるような事があったら、あたしゃ後追い自殺したいくらいな気持ちです」

プロジェクトページにある市馬師匠の言葉からも、寄席と落語家さんが「一心同体」「運命共同体」の関係であることが窺える。

同時に、クラウドファンディング開始4日目で第一目標の5000万円を達成し、第二目標の8000万円へ向けて支援を募った結果、6月30日の終了日までになんと1億円を超える支援が集まったことからも、寄席と客のあいだも、どれだけ固い絆で結ばれているか、よく分かる。

〈寄席はこの世の楽園です〉
〈大声で笑い合える日を心待ちにしています〉
〈寄席は心のオアシス〉
〈浮世を笑い飛ばしてください！〉

寄せられた応援コメントを見ているだけで、なんだか寄席での時間を思い出して、胸がいっぱいになる。

わたしの初めての寄席は浅草演芸ホールだった。自由席ということで、どのあたりで観たらいいのか分からず、うろちょろ動き回って場所を吟味するのも憚られて、結局、入ってすぐの後方の席を選んだ。それでも思っていた以上に高座との距離が近いことにドキドキしつつ、開演するまで、どのくらいの声を出して笑っていいのかとか、途中でトイレに行きたくなったらどうしようとか、そわそわしていたっけ。でも始まってみたら、そんな緊張は一瞬で忘れて、笑いに笑った。次第に会場の空気があたたまっていき、高座と客席が一体になっていく感覚を肌で感じた。すごい場所を知ってしまったと思った。

その後、落語が好きだった祖母とともに、上野の鈴本演芸場によく足を運んだ。今やわたしの中で定番化している、松坂屋の地下でお弁当を買って寄席へ行く、という楽しみ方を教えてくれたのは、祖母だった。特別興行の情報もまめにチェックしていて、いつもチケットを2枚用意してくれた。

そういえば、落語を知らぬ小さい頃からわたしが「笑点」を観ていたのは、祖母の家で流れていたからだ。日曜になると、祖母の家に遊びに行っていて、ちょうど夕飯が出来るのを待つ時間に掘り炬燵に入って観ていた。掘り炬燵も近年あまり見かけなくなったが、冬はあったかくて心地良いのはもちろんのこと、夏はひんやりしていて気持ちよかったのを思い出す。

オープニングのアニメーションと、「ぱっぱらぱらぱらら、ぱっぱ〜♪」という陽気なテーマに心が躍る。そこから、当時司会だった先代の三遊亭圓楽師匠が客席のどこかに混ざって挨拶するシーンが、なぜか好きだった。圓楽師匠の周りで一緒に映っているお客さんたちがとても嬉しそうだったからかもしれない。

のちに、その嬉しそうなお客さんと並んで、祖母とふたり、「笑点」の観覧をすることになるとは、その時はまったく思いもしなかったけれど……。もう10年ほど前のことだろうか、当時仕事でご一緒していた日本テレビのディレクターさんが「笑点」も担当していると耳にして、これは恥を捨ててお願いしないと一生後悔すると思い、観覧ができないかと頼んだのだった。そしたら快く席を用意してくださって、〝生「笑点」〟が叶ったのだった。これは自分でもおばあちゃん孝行になったかなと思っている。

池袋演芸場には、大学の帰りによく寄った。埼玉の新座キャンパスに通うのに、乗り換えで池袋駅を使っていたから、途中でふらりと落語を聴きに行った。

最初に池袋演芸場に入ったときは、客席の照明の明るさに驚いた。落語が始まっているのに、照明が落ちず、明るいまま。きっと高座からこちらの表情がよく見えているんだろうなぁと思うと、落ち着かなかった。だけどその明るさによって、高座と客席のあいだに境界線を感じさせず、より一体感が生まれる気がする。以前、市馬師匠が、「池袋が気持ちいい」とおっしゃっていたのを思い出す。どういう点が気持ちいいのか分からないが、池袋演芸場の空気感は確かに、他の寄席には無いものがある。

池袋にはマニアックなお客さんが集まると聞いていたが、どうやら変わってきたようだ。最近は末廣亭の夜にマニアックなお客さんが多いという話を耳にした。そのあたり、いち客として行っていても、わたしはまだなかなか感じ取れない。

２０２０年の6月、休業が明けて一番に行ったのは、その新宿末廣亭だった。新宿という街に、木造の寄席があるというのがまたいいのだ。前に立つだけで、江戸へ連れていってくれる。

実はこの趣ある末廣亭の前で映画のロケをしたことがある。「ＴＯＫＹＯてやんでぃ〜The Story Teller's Apprentice〜」は２０１３年公開で、うわの空・藤志郎一座の舞台劇『悲しみにてやんでぃ』の映画化。で、その『悲しみにてやんでぃ』は、昇太師匠の新作落語が原案。つまり、新作落語の映画化とも言えるだろうか。落語好きとしては、落語の世界に入れたと思うとこの上ない喜びだった。

内容は、寄席の楽屋で繰り広げられる騒動を描いたドタバタコメディ。外観が映るシーンだけ実際の末廣亭の前で撮影をし、大部分を占める楽屋のシーンでは、末廣亭の楽屋をモデルにして、ある和室を借りて美術を飾って撮影を行った。撮影スペースもかなり狭い印象だったが、実際の末廣亭の楽屋はその6分の1だそうだ。早めに楽屋に入ろうものなら、居場所がなさそうだ。

実際、寄席の楽屋の雰囲気ってどんな感じなのだろう。これはずっと気になっていたことだった。

最近は、さまざまな落語家さんがYouTubeを始められて、楽屋の様子を見せてくれたりするので楽しい。2021年2月に真打昇進された桂宮治さんのチャンネルには、真打披露興行の裏側がたくさんアップされている。普段とは違う特別な興行で、しかも主役の宮治さんは忙しいだろうに、頻繁に更新されている。いろんな師匠方の楽屋での姿を見られるのは興味深い。私服こんな感じなんだ、とか、普段からギャグを言ったりするんだ、とか、この人はツッコミ役なのね、とか。それこそ末廣亭の楽屋で、昇太師匠と立川談春師匠と春風亭柳橋師匠が痛風の話で盛り上がっている(?)ところは、にやにやしてしまった。

5月に浅草演芸ホールの興行生配信を見たときも、寄席の和気あいあいとした空気が画面越しに伝わってきて、うれしくなった。

前月に3度目の緊急事態宣言が発令された際は、寄席は「社会生活の維持に必要なもの」として、興行継続を決めて話題になったが、5月に入って急遽休業となり、鈴本演芸場と浅草演芸ホールはすぐにYouTubeでの無料生配信を行った。ゴールデンウィークは寄席を応援する気持ちで出来るだけ行くぞと意気込んでいたから、行けなくなりがっくりきたところで、この企画。本当にありがたかったし、喜んでステイホームしますという気持ちになった。

テレビで配信を観ながら、スマホの方ではチャットを開いてみたら、多くの人がワイワイ言いながら落語を楽しんでいた。落語家さんが登場すると拍手の絵文字がばぁーっと流れ、話し始めると、イントロクイズのように、マクラの内容からどの噺が来るか予想が次々とあがってきたり、豆知識を教えてくれる人がいたり、師匠の良いところをひたすら挙げる人がいたり。

また、楽屋の音もマイクで拾ってしまうようで、高座で芸をしているというのに、楽屋でなにやら盛り上がっている声などが漏れ聞こえてきて、良い雰囲気を味わえた。普段寄席で見るよりも賑やかで、これはこれで新しい鑑賞スタイルの一つとして十分に堪能させてもらった。

〈これが無料で観られるなんて……！〉

そんなコメントもたびたび流れてきていたが、投げ銭ができない代わりに、「芸人応援チケット」というのが販売されている。1枚1000円で何枚でも買えるのだが、これなんと、その後寄席に持っていくと500円の割引券になるという。実質半額戻ってくるのか！　寄席のサービス精神に感動しながら、わたしも寄席に行く楽しみを買った。やっぱり、寄席で、目の前で落語を観たい。

「無観客だとスベらないからいい」と冗談交じりに話す落語家さんもいるが、落語家さんだって、お客さんの前でやりたいはずだ。特に、前座や二ツ目のときには客前に立ちたいはず。

「お客さんの前で育てていただく。前座時代はとにかく高座にあがりたかった」

2022年3月に真打昇進が決まった春風亭ぴっかり☆さんにお会いしたとき、前座、二ツ目のときの寄席での経験はとても大切であると話されていた。

前座のときには、高座にあがって絶句してしまうようなこともあったが、そんなときでも寄席のお客さんは「待ってるから〜」と言って、聞いてくれるのだという。袖に戻っても、先輩がおもしろがってくれて、その後いじってフォローしてくれる。

そういう、あたたかい環境でたくさん失敗をして、経験を積む。落語の腕があがっていくのはもちろんのこと、演じながらの時間管理や、客席の空気を感じ取るような力が身についていくのだそうだ。だからこそ将来落語界を背負っていくような若手が今、寄席で落語ができないことは、長い目で見ても打撃だろう。

落語家さん、落語ファン、それぞれにとって、寄席が特別な場所であることは確かだ。

わたしにとっても居場所の一つになっている。その大切な場所を守れますように。

あぁこうして綴っていると、今日も寄席に行きたくなって——。

寄席によせて

①

上野
浅草
池袋
新宿
寄席マップ
TOKYO
通いつめたというほどの場所はないが
ふと思い出した
新宿
花園神社
酉の市
入口
さあ みせものだ
お代は みてのお帰りだ
大人600 中人500 小人300
へび女
いろんな人がぎっしり身を寄せあう見世物小屋
傾いた床で見ながら徐々に横にずれていく面白い場所でした

特別収録

はじめて寄席ガイド

「寄席に行ってみたいけど、勇気が出ない」
「どんな場所なのかわからなくて怖い」
そんな声をたまに耳にしますが、
わたしもかつて寄席デビュー前日に
あれこれ心配してそわそわした経験があるので、
その気持ち、とてもよくわかります。
でも大丈夫。
特別な準備は何もいりません。
ただ行って、肩の力を抜いて
思い切り笑えばいい。
寄席は、どんな人も受け入れてくれる
懐の深い場所です。
写真とともに読者の皆様に
「寄席の楽しみ方」を
お伝えしたいと思います。
お邪魔したのは、浅草演芸ホール。
わたしがはじめて行った寄席です。
それではしばし、お付き合いください。

1

入口横にある売り場で木戸銭（入場料）を払ってチケットを購入。通常、予約不要なので、観光ついでにふらっとどうぞ。

2

購入時に「東京かわら版」を見せたので、200円割引に（＊割引額は寄席によって異なります）。浅草では浴衣割引もあります。粋。

3

入口入ってすぐのカウンターで、チケットをもぎってもらいます。昼夜の開演時間は決まっていますが、途中入場＆退場OK!（再入場はNG）

4

半券と一緒に今日の番組表をもらいます。今日の出演者をチェック。何の演目をやるかは、始まってからのお楽しみ。

5

売店には、お弁当に飲み物、お菓子にお酒がずらり。鑑賞しながら飲み食いできるのも、寄席の魅力の一つ。

6

寄席グッズも見逃せません。オリジナル手ぬぐい（1000円）が人気だそう。この本もいつかここに……とひそかに夢見てます。

いざ、中へ。全席自由席。都内最大規模の寄席ですが、どこでも見やすい！ わたしは、ど正面よりもちょっと斜めから見るのがお気に入り。

老若男女が予備知識なしで楽しめる寄席。
思い切り声を出して笑ってください！
スッキリします。

今回の撮影で初めて2階席に。
全体を見渡せてゆっくりくつろげる空間。

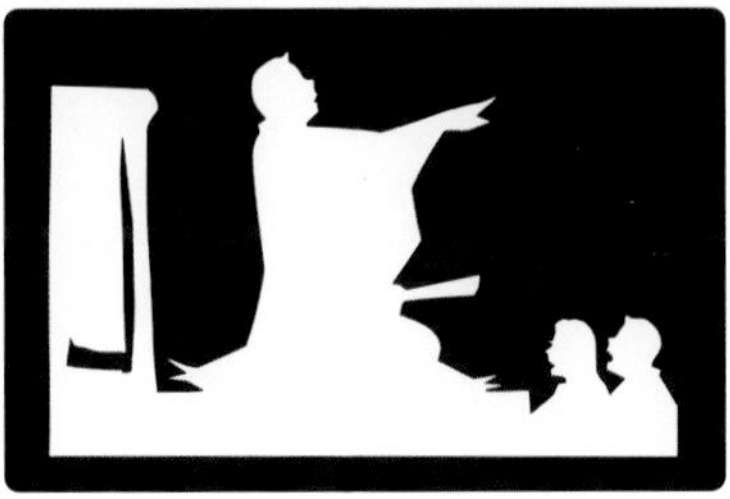

紙切りチャレンジの戦利品、林家正楽師匠作「寄席」(p.222参照)。

夢の演芸会でお守りのように持っていた談春師匠からいただいた手ぬぐいと、NHK「あさ笑」メンバーからもらった市にゃお扇子。

「心酔」の文字。
ここはいつでも、心から芸に酔いしれることの出来る場所です。

撮影場所

浅草演芸ホール

〒111-0032 東京都台東区浅草1-43-12
（六区ブロードウェイ商店街中央）
東京メトロ銀座線・都営浅草線・東武スカイツリーライン 浅草駅から徒歩10分
つくばエクスプレス 浅草駅から徒歩30秒

怪談牡丹灯籠がやばい

　2021年夏、ついに夢が叶った。

念願の、志の輔師匠の「怪談牡丹灯籠《かいだんぼたんどうろう》」を観に行くことができたのだ。間違いなく、この夏一番の思い出だ。

立川志の輔師匠は、毎年夏に下北沢・本多劇場で、「怪談牡丹灯籠」を上演するという落語会を行っている。2006年から毎年恒例の会となっていたが、2020年はコロナ禍で中止となり、2年ぶりとなった。

　行きたいと思い始めてから、もう5、6年は経っていた。もちろんこの会の存在は知っていたし、落語好きの間で〝凄い〟というウワサは耳にしていた。仕事と重なったりしてなかなか機会がなかったが、この年は、出演する舞台の博多公演が7月末に終わり、8月末の大阪公演までの間にちょうど時間があり、実現したのだった。

オリンピックで盛り上がる東京、8月4日。

「怪談牡丹灯籠」を観終えたわたしは、一緒に行っていた落語好きの友達と顔を見合わせて、言い合った。

「やばい……！！」

「やばかったぁ……！！！」

普段あまり使わないくせに、「やばい」という言葉しか出てこなかった。お互いに言葉を尽くそうと思っても、下北沢駅まで歩く道中、「いやぁ……」とか「うっわ……」とかいう、感動のため息しか出ないのだ。……今のところ何も中身が伝わらないとは思いますが、いかに興奮していたかがおわかりいただければ幸いです。

何がやばかったかというと、もう、鳥肌立ちまくりでやばかった。なぜ鳥肌が立ったかというと、この落語の作りがあまりに巧妙で見事で。そしてそれを解釈して編集して演じた志の輔師匠がやはり凄すぎて……。具体的な内容が何一つ出てこないから、やはり読者のみなさまには伝わっていないとは思いますが、だって、これは説明できません。

まず、この「怪談牡丹灯籠」がどんな落語か、ご存知だろうか。

「四谷怪談」や「皿屋敷」と並んで日本三大怪談として有名だし、歌舞伎などでも演じられている演目だから触れたことがある人は少なくないはず。そしてイメージとしてあるのは、お露と新三郎のエピソードではないだろうか。わたしが今まで聴いたことのあった立川談春師匠による「牡丹灯籠」も、想い合っているお露と新三郎のふたりだったが、実は毎晩通ってきていたお露は亡霊で祟りをなすという話だった。夜な夜な、カランコロン、カランコロン……と鳴る不気味な下駄の響きが印象的だ。一般的に広く世に知られているのではないかと思う。

だが、本当の「怪談牡丹灯籠」は全然ちがう。このお露と新三郎の話は、ほんの一部に過ぎないのである。

実は、全部を上演すると、なんと30時間もかかるという超大作なのだ。長いから全部はなかなかやれない、ということは聞いたことがあったけれど、まさかここまでとは……！

当時、作者である三遊亭圓朝は1日2時間、15日連続で口演してやり切ったという。すごい体力。そしてそれを記録として残した速記者の方もお疲れ様です。その苦労によって、いまだに落語家が語り継げていると思うと凄いことだ、というのを、今回志の輔師匠の会で知った。

「牡丹灯籠」が一体どんな落語なのか。内容だけではなく、作られた時代や作者である三遊亭圓朝についての解説を、まず開演早々に、志の輔師匠がスタンディングでしてくださるという、特殊な落語会。また、実際に〝牡丹灯籠〟とはどんなものかを再現したものを、会場を真っ暗にした状態でおどろおどろしく見せてくれる演出もあった。

そして志の輔師匠は、この30時間の落語を2時間半でやり切ると宣言。そのために、第一部では50分ほど、相関図をつかった登場人物紹介に、あらすじ説明をする。大きなボードに人物名の書かれた名札をぺたぺたと貼っていきながら解説する姿は、「ガッテン！」感があるなぁと思っていたら、実際、その装置を初めに作ったのは、「ガッテン！」のスタッフさんだったという裏話もあった。そういった脱線話もあって、心が折れそうになるくらいの登場人物の多さでも、集中をまったく切らさずに聴けた。

第一部で特に説明されたのは、飯島平左衛門と孝助の人物を軸にした物語だった。ごくごく簡単に言うと、父親が殺され、仇討ちをしようと心に決めていた孝助。そこで剣術の達人であった平左衛門に教えを請い、飯島家の奉公人となっていた。だが実は、孝助が父親同然に慕っていた平左衛門が父の仇であることが発覚する、という話。もう一つ大事な要素で言うと、平左衛門の妾・お国の悪女ぶり。お国は隣家の宮野辺源次郎と密通し、これを見咎めた孝助を消そうと画策するが――。とてもとても説明しきれないのでひとまず止めるが、お国と源次郎という悪党カップルは忘れてはならない。

そうなのだ、この「牡丹灯籠」は、「お露・新三郎、伴蔵・お峰」の物語と「平左衛門・孝助」の物語、2本の柱で出来ている噺だったのだ。ざっくり言ってしまうと、近いようで交わらない二つの物語が並行して進み、最後に繋がって大きな結末を迎えるという、壮大なドラマなのである。

「平左衛門・孝助」の話は盛り上がり、これからどう転んでいくのか、興奮が高まってきたところで第一部のスタンディング解説が終了。第二部は高座が設置され、しっかり落語の世界へと入っていく。お露・新三郎の出会いから、例の亡霊の話。そして新たに登場する重要な人物、新三郎の店子である伴蔵とお峰の夫婦が、金に目が眩んで亡霊に協力してしまうところから、新三郎の死。そして、その金で栗橋に引っ越して荒物屋「関口屋」を始めた、伴蔵・お峰夫婦の物語へと移っていくのだ――。

この先もまだまだドロドロした人間ドラマが展開されていって、かなりおもしろくなっていくのだが、もちろんここでは説明しきれないのでご容赦ください。ただ言えるのは、第一部の解説が、最後に向けて次々と効いてくる。さまざまな伏線が回収されていって、しばらく登場せずに、すこし忘れかけていた人物が再登場してきたりして、物語が一つになっていく。この話の展開に、鳥肌が立ちっぱなしだったのである。

「牡丹灯籠」が頭から離れない。

もっと色んな人の演じるもので聴いてみたいと調べてみたら、柳家喬太郎師匠のオンライン配信の独演会、「怪談牡丹灯籠　連続口演最終話」というのを見つけて、家でじっくり聴かせていただいた。２０２１年４月から毎月行われ、５回にわたって「牡丹灯籠」を演じてきて、ちょうど最終話だった。

前半は、初回から前回までの話をダイジェストで振り返ってくれて、仲入り後にラストの部分を演じるという構成になっていた。と言っても、「お露・新三郎、伴蔵・お峰」の軸の物語のクライマックスであり、「関口屋の強請《ゆすり》」と呼ばれているパートだった。やはり、喬太郎師匠をもってしても５回ではすべてを語り切れないくらいの大作なのだと実感。

また、志の輔師匠の笑いを織り交ぜながらの進行とは打って変わって、喬太郎師匠のほうでは笑いがほとんどなく、怪談の雰囲気というか、人間の欲深さや底知れぬ悪の部分にぞっとする怖さを味わった。筋はもちろん一緒なのに、受けた印象がまったく異なり、興味深かった。

落語の後のトークもこれまた興味深かった。この連続口演の初回が４月11日で、ちょうど「牡丹灯籠」の物語冒頭と同じ日付だったのだそうだ。しかも、わたしが観た最終話が配信された8月11日は、ちょうど作者である三遊亭圓朝の命日であったらしく、圓朝が眠る谷中に法要に行ってきた後だという。色んなパワーが乗っかった「牡丹灯籠」を観られた気がして、感動だった。

そして視聴者からの質問コーナー。「牡丹灯籠」にまつわるものから、落語家になりたいという相談や喬太郎師匠の好きな本の話と、さまざまな話題が出ていたが、一番わたしが興味を引かれたのが、「三遊亭圓朝作の落語で他にも演じたいものは？」という質問。

「『牡丹灯籠』よりももっと長いんですよ」とさらっと出てきたのが、「真景累ヶ淵《しんけいかさねがふち》」。さらに長いってどういうこっちゃ！　喬太郎師匠は冒頭の「宗悦殺し」という部分は演じることがあるそうだ。少しでも聴きに行きたいと思い調べてみたら、落語は見つからなかったが、ちょうど歌舞伎座8月公演の第二部で「豊志賀の死」という部分が上演されているではないか。勇気を出して初めて自ら歌舞伎のチケットを取ろうとしたが、完売……。こちらの演目は「牡丹灯籠」と並んで、傑作の怪談として語り継がれているから、いずれ必ずや観てみたい。

他にも次々、圓朝作の続き物の大作の落語が紹介された。怪談ではなく名人伝である「名人長二」も、喬太郎師匠は冒頭の「仏壇叩き」という部分を演じるそうだが、これまた長いため、すべて演じるとすると数回に分ける必要があるのだそう。

オペラの原作を元に作られた落語もあると聞いて驚いた。「錦の舞衣」は、19世紀末にヨーロッパで評判を得、のちにプッチーニのオペラとなる演劇「ラ・トスカ」を翻案し、舞台を江戸にして人情噺に仕立て上げたものだ。

「現在、自分しか演じ手がいない」とおっしゃるのは、「熱海土産温泉利書」。あたみみやげいでゆのききがき。読めないし、完全に初耳である。喬太郎師匠しか演じる人がいないのに、その喬太郎師匠も何年かに一回しかやらないというレアな落語である。だが、吉報だ。この落語が収録されているCD『「ザ・きょんスズ30」セレクト―古典編Ⅱ―』がこれまた、ちょうど配信最終日に発売されたそう。わたしもすぐにAmazonでポチって聴かせていただきました。

喬太郎師匠が熱を持って圓朝作の落語について語る姿を見て、そして、志の輔師匠が余すところなく語った「牡丹灯籠」を聴いて、思った。

三遊亭圓朝って、やばくないか。天才すぎないか。

少し掘ってみると、「牡丹灯籠」を作ったのは弱冠23歳の時で、そのきっかけも、圓朝の人気に嫉妬した師匠からの嫌がらせだったとか。たびたび、自分が準備していた演目を先に高座にかけられて潰されてしまい、そこで考えたのが、自分にしかできない落語を創作すること。それ以降、自分の芸を磨きながら、次々と名作、超大作落語を生み出していく。「牡丹灯籠」を始め、当時すぐに歌舞伎化もされた「文七元結」や「塩原多助一代記」、そしてわたしの3本の指に入る好きな落語「死神」までも、圓朝が作ったという事実……。いやはや、圓朝恐るべし。

高杉晋作と同じ、天保10年（１８３９年）生まれの圓朝。音源は一つも残っていないが、こうして現代でも圓朝の息吹を感じることができるのは、圓朝が作品を残してくれて、圓朝作品を語り継いでいる落語家さんがいるおかげである。壮大な歴史すらも感じられる落語の世界、やばいぞ面白い。

寄席によせて

カラ～コロ～ン
ぼたんどうろう
あの音は…
コロ～ン
カラ～ン
おふだ
鬼太郎のエンディングか？
はたまたお露どのの幽霊か？
おふだ
お嬢さま入れませぬ
ヨヨヨ…
かえりましょう
ややこの音は？
カシ～ン
カシ～ン
マグマ大使の音か？
ペケヒヤヒー
ペケヒャヒー
笛か！
こっこの足音
てんやんげッ
てんやんげッ
マジンガーZの足音だ
てんやんげッ
てんやんげッ
おっモビルスーツの足音
デミーン
デミーン
トランスフォーマー初代アニメの足音だっ!!
ばったし
ばったし
ばったし
ヴィゴ・グ・ゴ・ゴ
もはや我慢できぬっ!!
ガラッ
落語では自分から戸を開けないんですね…

奇跡の山名屋浦里

あまりの美しさに涙が溢れる。そんな体験を１か月のあいだに二度もすることになるとは、思ってもみなかった。

以前、新春特番で歌舞伎の中村屋さんとご一緒する機会があった。２０２２年の元日にＢＳフジで放送の「中村勘九郎 中村七之助 中村鶴松　華の新春ＫＡＢＵＫＩ２０２２」という番組にゲスト出演させていただいたのである。歌舞伎の面白さをさまざまな角度から伝える番組で、第8弾である今回のテーマは「落語」。

歌舞伎が登場する落語は数多い。歌舞伎の人気演目である「忠臣蔵」を題材にしたものだけでも、「四段目」「七段目」「九段目」などいくつもあるし、「中村仲蔵」「淀五郎」は役者を描いた落語、また「質屋芝居」「権助芝居」「蛸芝居」「田能久《たのきゅう》」といった芝居好きの人物が登場する噺は挙げ始めたらキリがないほどである。芝居が好きな落語家さんが多いという印象もある。

そんなこともあり、歌舞伎は近い存在のような気はしていたのだが、知識がないと理解できないのではないかと怖気づいて、なかなか気軽に行けないでいた。だから、わたしが歌舞伎を直接観に足を運んだのは二度ほどだけだ。

初めて行ったのは、国立劇場。歌舞伎鑑賞教室という、役者のみなさん自らが歌舞伎の楽しみ方や舞台のつくりなど、見どころを解説してくれて、人気の演目を鑑賞する、という会だった。その時観た「紅葉狩」は、衣装や舞台美術がとにかく華やかで、それに負けない役者のみなさんの存在感に圧倒された記憶がある。

二度目は憧れの歌舞伎座へ。実は以前、カレンダーの撮影で歌舞伎座のロビーまで入ったことはあったのだが、客席で歌舞伎を鑑賞するのは初めてだった。だから誘ってくれた知人に「ドレスコードはあるんですか？？」と聞いたら、「劇場素人さんですか！」と突っ込まれた。当日はイヤホンガイドを借りて、休憩時間中も飽きることなく、楽しんだ。印象に残っているのは、〝現代歌舞伎界、女方最高峰〟と言われている坂東玉三郎さんが出演されていた「幽玄」。玉三郎さんの神秘的で荘厳な美しさは、いまだに脳裏に焼き付いている。

それから歌舞伎を観に行く機会も勇気もなかなかなく、3年以上経ってしまった。

そんな折、落語作家の小佐田定雄さんとくまざわあかねさんから、11月の歌舞伎公演のご案内をいただいた。以前落語の番組でご一緒したあかねさんが原作、そして小佐田さんが脚本を担当された演目が上演されるとのこと。それが、今回熱く語りたい「廓噺《さとのうわさ》山名屋《やまなや》浦里《うらざと》」である。

「廓噺山名屋浦里」は落語作家であるあかねさんが原作、つまりもとは落語なのである。「山名屋浦里」という笑福亭鶴瓶師匠の新作落語で、しかも落語にしようと持ち掛けたのは、タモリさん……！　次々、錚々たる方のお名前が出てきたが、本当に奇跡のように繋がって歌舞伎まで辿り着いたということを知り、裏話も含めて心が震える。

「山名屋浦里」の発端は、まさかのあのＮＨＫ「ブラタモリ」。２０１１年、「ブラタモリ」のロケで吉原を訪れた際に、「扇屋の花扇」という江戸時代に名を馳せた花魁の逸話を耳にしたタモリさんが、すぐに「笑っていいとも！」の楽屋で鶴瓶師匠に「落語にしてよ」と頼んだのだそう。吉原の話ということもあり、「東京の落語家にやってもらいなはれ」と初めは断ったという鶴瓶師匠だったが、その後小佐田さんとあかねさんをタモリさんに引き合わせて、あかねさんが書きおろすに至った。

そして２０１５年に鶴瓶師匠が演じ話題となり、六代目中村勘九郎さんが観ることになる。

「始まって2分くらいで、歌舞伎座の大道具が見えてきた」
落語が始まってすぐに、これは絶対に歌舞伎でやりたいと思ったそう。観終わった後、そのまま鶴瓶師匠の楽屋に行って、勘九郎さんご自身が直談判したというから驚きだ。

そして、勘九郎さんが落語を聴いて大道具が見えたように、「鶴瓶師匠の花魁浦里が七之助さんに見えた」とおっしゃる小佐田さんが、歌舞伎の脚本にした。5日くらいで書き上げたというから、本当にイメージが出来上がっていたのだろう。こうして翌2016年、歌舞伎座「八月納涼歌舞伎」で「廓噺山名屋浦里」が上演されたのだった。

この話は、とある藩の江戸留守居役として江戸へやってきた酒井宗十郎が、真面目で生一本な性格がゆえに、毎晩のように遊興に耽る他藩の留守居役から「野暮天」「田舎者」と言われ、苦々しく悔しい思いをしているところから始まる。次の寄り合いではそれぞれお気に入りの花魁を連れてくるように、と試され、さらにつづく挑発に耐えられず、宗十郎は「必ず馴染みの花魁を連れてくる」と断言してしまう。

だが、吉原にも行ったことがない堅物。どうしようかと思案しているところに、たまたま姿を現したのは、吉原一の人気を誇る花魁浦里。その美しさに目を奪われ、心も奪われてしまった宗十郎は、次の寄り合いに一緒に連れて行くなら浦里しかいないと考え、吉原へ出向く――。真っすぐな宗十郎と、その姿に心動かされる浦里の、純粋で人間味溢れる人情噺だ。

その舞台がＤＶＤになっていて、わたしはまずそちらを映像で拝見することになった。というのも、11月の上演を観に行く前に、宗十郎役の勘九郎さんと浦里役の七之助さんに例の新春特番の収録でお会いすることになっていたので、その前に観ておきたいと思ったのだ。

観てまず意外だったのは、歌舞伎ってこんなに笑いが起きるのか、と。たとえば、宗十郎の何事にも全力で真面目で不器用な姿と、周りの登場人物とのギャップにユーモアが生まれる。また気品のある浦里が、廓言葉から急にお国訛りになったときの人間味に笑いが起きる。ちなみに対談記事で読んだのだが、この浦里が自分を語る場面、これは落語にはなく、歌舞伎にする際つくった場面だそう。その七之助さんの演技を観た鶴瓶師匠が良いと思って、その後落語にも取り入れて進化させたという。そんな鶴瓶師匠の息子さんである俳優の駿河太郎さんが山名屋の牛太郎の友蔵役で出演しているのも、くすぐられる。こうして笑うたびに人物が愛しくなってきて、引き込まれていくのである。

そして、ラストで涙が止まらなくなってしまった。あまりの美しさに涙が溢れたというのは、ここだ。物語の最後、浦里の花魁道中の場面。まずは七之助さん扮する浦里の圧倒的な存在感と華麗な美。さらに、美術から照明、衣装、そして舞台上に立つ役者の配置、舞台全体の構図が実に見事で、圧巻の場面なのである。

後日、番組でお会いした際に、勘九郎さんと七之助さんに、花魁道中の場面の感動をお伝えしたら、かなりこだわってつくった、とおっしゃっていた。鶴瓶師匠の落語を聴いたときにもやはり、最後の花魁道中の場面は印象的だったから、まさに舞台が一枚の絵になるようにつくったそうだ。

また、歌舞伎でここまで女方が中心に描かれ、最後の幕切れまで舞台にいるというのは珍しいと、七之助さんがおっしゃっていた。歌舞伎の女方は、後半はいないとか、さっきまで一生懸命やっていたのに、というのが多いんだそう。それが今回、最後は花道を引っ込んでいくし、通常立役（男）が足を踏み出したときに入れる最後の「チョン」も、浦里に入れる演出になっている。後輩の女方がみんな「浦里を演りたい」と言ってきたという。

歌舞伎では基本的にカーテンコールはないのだが、2016年の初演時、大盛況のもと迎えた千秋楽では拍手が鳴りやまず、カーテンコールをしたそうだ。おふたりもこのカーテンコールは「忘れられない」と語っている。そして、挨拶してもなお拍手が鳴りやまず、ちょうど観にいらしていた鶴瓶師匠とタモリさんが舞台に上がって、一緒に挨拶をしたという奇跡も。

さまざまな意味で歴史的な作品になったわけだが、それが2021年11月、5年ぶりに上演されたのだ。今度はTBS赤坂ACTシアターでの「赤坂大歌舞伎」。赤坂大歌舞伎というのは、故・十八代目中村勘三郎さんの「芸能の街・赤坂で歌舞伎を！」という一言から2008年にスタートし、誰にでも親しみやすい演目で人気を博してきたシリーズ。2013年からは、勘九郎さんと七之助さんが父の遺志を継いで公演を続け、今まで歌舞伎ではなかったような演出に挑戦したりして、進化してきた。

実際にわたしも、イヤホンガイドや知識も必要なく、純粋に見て、聴いて、感じて楽しめた。「廓噺山名屋浦里」の他に、長唄に合わせて、ひとりの演者がいくつも扮装を変化させて何役も踊り分ける「越後獅子」と、芸者衆と鳶頭に扮した役者たちが、TBS開局70周年を祝いつつ、十余年の赤坂大歌舞伎の歴史を辿る「宵赤坂《よいのあかさか》俄廓景色《にわかのさとげしき》」と、見ごたえがあった。観終わって、「楽しかった〜」と声に出している人が多かった。

また、TBS赤坂ACTシアターは、後に「ハリー・ポッター」の専用劇場となったため、この赤坂大歌舞伎が一旦の節目を飾る作品となった。

さて、生での観劇が叶った「廓噺山名屋浦里」。感慨もひとしおだ。DVDで観た初演時と演出も少し変わっていて、新鮮な驚きと感動を味わった。

印象的だったのは、上演する季節に合わせて設定を変えていた部分。初演は夏ということで、冒頭は花火を見ながらの酒席だった。その後、浦里と出会う場面では、宗十郎が一目惚れした瞬間に花火が打ちあがるという、何かが始まったことが直接伝わってくる、ドラマチックな演出になっていた。

それが今回、上演が11月なので、月見に変わっていた。宗十郎が浦里の姿をちゃんと見た瞬間は、月明かりが浦里のもとに差し、しっとりした色気が増す。浦里の気品が際立つのと同時に、花魁としての悲哀みたいなものも垣間見え、また異なる感じ方ができて、おもしろかった。

そして、ラストの花魁道中はやっぱり凄かった。目の前で見ると、豪華絢爛な着物、「花魁下駄」と言われる三枚歯の高下駄の華麗なさばき、そして歩き方、姿勢、目線、すべてが完璧で、浦里から目が離せなくなってしまった。そして、いつのまにか涙が溢れていたのだった。ハートフルな物語に加え、圧倒的に美しいラストの一幕で、他では味わえない感動に浸ることができた。

赤坂大歌舞伎とほぼ同時期に、池袋・サンシャイン劇場では、鶴瓶師匠が独演会で落語「山名屋浦里」をやっていた。そちらを観に行けなかったことは悔やまれるが、また後日、凄い話を知った。今回も、鶴瓶師匠はタモリさんと赤坂大歌舞伎に行ったそう。観劇後にたまたま入った蕎麦屋が、かつて、「扇屋の花扇」の話を落語にしようと、本格的に話をしたお店だった、という奇跡がまた起きていたらしい――。

寄席によせて

先日
日暮里《にっぽり》駅から
歩いて
全生庵に
行きました
金に輝く観音像の下に
圓朝居士の
お墓があります
毎夏 期間限定で
圓朝の幽霊画コレクション
を公開する
見た人によると
幽霊なのに
とてもアツい
空間だそうです
来年は
見たいな……
と、いうわけで最近は
牡丹灯籠の速記を
「レ・ミゼラブル」と
比べて
面白がって
おります

タイムマシンで神様のもとへ

タイムマシンがあったら、いつへ行きたい？

数年前、レギュラー出演していたNHK Eテレのサイエンス番組で、「タイムマシンは実現するのか」というテーマの回があった。こういった類の話は夢物語のようだからあまり真面目に考えたことがなかったのだが、最新研究などから科学的に見ていく中で〝もし実現したら……〟と想像し胸が高鳴ったことが一つだけあった。

――志ん生が生きている時代に戻って、落語を生で観たい。

今同様の質問をされても、これ以外に思い浮かばない。最近、志ん生に関する書籍を読んで改めてそう思ったし、〝タイムマシンがあったらな〟と夢想してしまった。

読んだのは、小島貞二さんが書いた『志ん生の忘れもの』という一冊。著者は演芸評論家であり、志ん生の自伝『びんぼう自慢』の制作を手伝い、本やレコードの志ん生作品集のほとんどを監修するくらいに関わりのあった人物だ。

「私は志ん生をきいただけではなく、深く接し、志ん生を書いたことをこよなく幸せに思う」

羨ましい限りである。志ん生の音源は多く残っている。だが、残っている映像はごくわずかのようだ。わたしは動く志ん生を一度も観たことがない。芸を生で目撃し、さらに当時の熱を体感するためには、やっぱりタイムマシンでその時代に戻るしか方法はない。

ところで、わたしが馴れ馴れしく〝師匠〟とも付けずに呼んでいる〝志ん生〟とは、五代目古今亭志ん生のことである。落語に詳しくない人でも耳にしたことのある名前なのではないだろうか。大河ドラマ「いだてん」では、ビートたけしさんが演じた人物。わたしが生まれるちょうど100年前、1890年東京神田の生まれで、戦後を代表する落語家の一人である。

貧乏で苦しい生活をしながらも、4人の子宝に恵まれた。長女・美津子さんは志ん生のマネージメントをし、のちに志ん生に関する書籍を多く残した。さらに、次女の喜美子さんは三味線豊太郎に、長男・清さんは十代目金原亭馬生に、そして次男・強次さんは三代目古今亭志ん朝になっていくというのだから、落語家である父親が子どもからいかにかっこよく見えていたかがよく分かる。しかも驕ることなく、それぞれが自分の芸を極めて世に認められていったのだから、本当に凄い一家である。ちなみに馬生の長女が、あの女優の池波志乃さん。「いだてん」では志ん生の妻・りんさんの役を演じられていたことも感激だった。やはり、芸才は脈々と受け継がれている。

そもそも、どうしてここまでわたしが志ん生に思い入れがあるかというと、生まれたてのヒナが初めて見たものを親と思うように、という例えが合っているか分からないが、落語に興味を持って初めて聴いた落語が志ん生だったのだ。

その時に聴いた落語は今も忘れない。「火焔太鼓」という噺。

たまたま高校の図書室で手に取ったCDが志ん生で、たまたま最初に流れてきたのが「火焔太鼓」――。今思うと奇跡のようである。この落語は志ん生の代表作であり、「志ん生の火焔太鼓か、火焔太鼓の志ん生か」と言われるほどだという。

「火焔太鼓」は、息子の志ん朝も得意としていた落語だ。江戸時代から伝わる小さな噺を明治末期に初代三遊亭遊三が演じていたのを、修業時代の志ん生が楽屋で聴き覚えて、昭和初期に笑いどころを多く盛り込むなどして現在の形にした。「志ん生の新作」と言っても良いほどに仕立て直したことで、今でも多くの落語家さんが演じているのだから、すごい功績だ。

この噺は、商売に関していい加減でお調子者の古道具屋・甚兵衛が主人公。「いい箪笥があるねぇ」と客に言われて、「ええ、なんてったってうちのお店に6年もあるんですから」と正直に答えてしまい買う気をなくさせたり、逆に、ふだん使っていた火鉢を売ってしまって寒くなった甚兵衛さんは、売った先の火にあたりに行って、「火鉢と甚兵衛さん一緒に買っちゃったみたいだ」と相手を困らせたり。そんな商い下手の甚兵衛さんの奥さんのほうは、気が強くていつも尻を叩いている、しっかり者だ。

そんなある日、儲かりそうだと安く仕入れてきたのは、古くて汚い太鼓。やはり奥さんに嫌味を言われつつ、丁稚の定吉にハタキではたけと言うと、「叩け」と言われたと勘違いした定吉は叩いて音を鳴らす。

「今、太鼓を打ったのはこの店であるな？」

侍が入ってくる。ちょうど通りがかりにその音を聴いた殿様が、どんなものか見たいと言っているという。お屋敷に持ってこいと言われたものの、売れずに痛い目を見るのではないかと心配する奥さん。一分《ぶ》で買ってきた太鼓、あまり欲を出さないようにと念を押して見送る。

どきどきしながら太鼓をお屋敷に持っていくと、なんと殿様がその太鼓を気に入った。しかも三百両を出すと言う。訳を聞くと、殿様曰く、「あの太鼓は『火焔太鼓』という世に二つとない国宝級の名品」であるそうだ。

驚きを隠せないまま家に帰って奥さんに報告し、二人で喜び合う。これからの商いは古いもので音の鳴るものに限るということで、

「お前さん、半鐘を買ってきて」

「半鐘はいけないよ。オジャンにならァ」

火事が消えたときに半鐘を一つジャンと鳴らすことから、半鐘ではうまくいかずにおしまいになってしまうことをかけたサゲだ。

幸運にも商いがうまくいくという気持ち良い内容だし、最後、お屋敷から帰ってきてからのテンポがとにかく絶妙で、二人の興奮が手に取るように分かり、なんだかんだと言い合いながらも夫婦の仲の良さや甚兵衛さんと奥さんの人の良さも見える名作である。

志ん生の「火焔太鼓」でわたしが特に好きなのは、お屋敷に向かう甚兵衛さんに奥さんが掛ける言葉。

「当たり前の人間だと思うんじゃないよ。俺は少し足りないんだなと思ってなきゃいけないよ」

決して驕らないこと。謙虚であること。これは志ん生のモットーでもあったのではないだろうか。志ん生自身がポツリと残したということんな言葉と重なった。

「まずいなと思ったら、俺と同じくらい。うまいなと思ったら、俺よりはるかにうま

い。そう思わなくちゃいけない」

芸事をやっている身としてはグッとくる。そんな哲学のようなものがさらりと落語に盛り込まれているところも素敵だ。

実際、志ん生自身は〝落語を地でいくような暮らし〟だったそうだ。

貧乏時代の逸話はたくさんある。食うに困ったときに蛙をつかまえてきて、「帝国ホテルのビフテキより、うまいんだよ」と子どもに食べさせたり、長男が生まれたときにはお金がなくて「尾頭付きです」と鯛焼きを産婆さんに差しだしたり。奥様が働きに出ている間は、落語の稽古をしながら赤ん坊をあやしていたそうである。志ん生は改名を16回もしているのだが、借金取りから逃げるために改名したこともあったと言われる。とは言え、いくら貧乏でも洒落を忘れない志ん生は、本当に落語の登場人物の一人のようである。

「いやァ、体験はするもんですな。落語の中に、体験てぇものが生きてくる」

志ん生の落語を聴いていると自分事のように聞こえてくるのはそういうことかと腑に落ちる。先ほどの「火焰太鼓」然り、志ん生の口から語られると、落語に現実感や真実味が生まれる。言葉にうそがないのだ。

「蝦蟇《がま》の油」という落語がある。ガマの油売りが酔っ払って商売をしようとして刀で腕を切ってしまい、ガマの油をつけるが、ぜんぜん血が止まらないという噺。それを志ん生が浜松の寄席でやった際に、近くで実際にガマの油を売っていた油売りから「まったく売れなくなってしまった」とクレームが来たこともあったそうだ。

そしてもう一つ、志ん生を語る上で欠かせないのがお酒だ。大の酒飲みで、酔った状態で高座に上がるなんてことは一度や二度ではなかったらしい。有名な逸話としては、関東大震災の日の話。揺れを感じて外に出た瞬間に思ったのが、

「いけねえ、まごまごしていると、東京中の酒が、全部地面に吸い込まれてしまう」

酒が地面に吸い込まれる。名言だ。

志ん生はすぐさま近所の酒屋に駆けて行ったそうだ。商いどころじゃない酒屋の主人は、もうお金はいいから好きなだけ飲んで行ってくださいと言い残して表へ飛び出す。そう言われた志ん生はその場で1升以上も飲み、さらに2、3本抱えて、ご機嫌な様子で家に帰ったという。さすがに奥さんにきつく叱られたようだが、まさに落語のような話である。

芸はもちろんのこと、このように人柄もあわせて語り継がれているのは、それだけいち人間として愛されていた証拠だろう。

そして志ん生という名をここまで偉大なものにしたのも、五代目。志ん生という名前の誕生は江戸時代。初代志ん生は、もともと初代三遊亭円生の門人で円太という人物。だが二代目を継ぐチャンスを逃してしまい、失意の中で旅に出て数年間消息を絶

つ。数年後、江戸にもどってきたときに、〝古今亭新生〟と新しい名前で再スタートをする。芸も申し分なく、人気をよんだそうだ。のちに、〝新生〟から〝真生〟と文字を改めて、さらに今の〝志ん生〟に至る。

初代から実力で一名跡を築き上げ、四代目までほとんど途切れることなく継がれていったわけだが、実は四代目で志ん生という名前は終わるはずだった。というのも、初代は48歳、二代目が58歳、三代目が56歳、四代目が50歳と、代々早死にしてしまうから、縁起の悪い名前とされていたのだ。しかも四代目が「もうオレかぎりで、志ん生てえ名前はつくらないでくれよなァ」という遺言まで遺したというから、誰も手を出さない。だから五代目の志ん生を襲名するとき、奥さんは反対したそうだが、志ん生は一蹴した。

「長生きして、ウンと看板を大きくしたら、代々の師匠も喜んでくれるだろう」

貧乏でもお酒にだらしなくても、芸へのプライドは並はずれたものがあったのだろうと思う。事実、ジンクスを覆し、五代目は長生きして志ん生の名を見事に大きくしたのだから、本当にかっこいい生き様だ――。

落語の神様。タイムマシンができるまで、どうかお元気で。

寄席によせて

にゃ〜
フギャ
がりっ がりっ
あれは五代目小さん人形!!
いまは高価なレア物だ
え!? 限定剣道バージョン ?
あれはあさげバージョン
ずずずずずい分かわいい猫ちゃんたちだねえ
ヘエ
3匹ばかりゆずってくれんかね
もちろん只とはいわん
まさか3つがそろうのをこの目で…
そうそう! さびしがるといけないね
何か猫のおもちゃがあるといいな!!
ギニャ
にゃあ
フギ〜
キャットダンサーというピアノ線のおもちゃはよく遊びます
いや!! それじゃなく
空き箱も大好きです
さっきのお人形でいいよ
だめです
小さん人形は私の宝物
売っているのは猫とキャットダンサーと空き箱とちゅーるです
じゃちゅーる下さい
ちゅ〜る

素敵なおかみさん

2022年、テレビで一番見かけた人と言えば、桂宮治さんと言っても過言ではないだろう。

宮治さんは、落語芸術協会としては春風亭昇太師匠以来29年ぶりの5人抜きで、2021年の2月中席に真打に昇進し、話題となった。その前にも、二ツ目になった年にNHK新人演芸大賞を受賞し、二ツ目のあいだに国立演芸場で年4回の独演会を行ったことがあるなど、間違いなく実力派の落語家さんだ。

そして真打2年目の2022年、「笑点」の新メンバーに決定し、日本テレビのバラエティ番組すべてを廻っているのではないかというくらいに、毎日お見かけした。「踊る！さんま御殿!!」、「人生が変わる1分間の深イイ話」、「しゃべくり007」

……などなど錚々たる番組に出演されていたが、トークもさすがのおもしろさ。

その〝速射砲〟のようなトークは、化粧品のセールスをやっていた時代に培われたものだそうだ。お客さんが離れないようにするために、とにかく間を空けずに喋っていたのだとか。だからだろうか、宮治さんの高座を見ると、最初の10秒でぐっと心を摑まれる。聴きたい、と前のめりにさせる独特の話術なのだ。

ただ、落語の方ではそのことで逆に悩んだこともあるという話を、以前インタビュー記事で読んだ。高座で間が空くのがすごく苦手という宮治さん。

「もちろん人情噺や怪談噺を速射砲のように喋るわけにはいかない。お客さんを見て、空気を感じながらやっていると『これくらいの間をとってもお客さんは帰らないんだ』って気づいたんです」

間を空けないで喋ることをしてきた人が、高座では間をあえて作っていくというのは、かなり難しいし、それこそ怖いことだと思う。それでも毎回、試行錯誤を繰り返し、進化し続ける宮治さんから目が離せない。

そんな宮治さんを番組やインタビュー記事で多く見ていて、どこでも話題に上るのがご家族の話。密着の映像でも登場されていたが、とにかく素敵なファミリー。三人のお子さんがいらっしゃって、言いたいことをはっきり言う長女ちゃん、チャーミングな次女ちゃん、宮治さんにぴったりくっついているユーモアのある長男くん。奥さまはちょっと天然だけどポジティブで、いつも宮治さんは助けられてきたそうだ。

「やりたくないなら続けなくてもいいよ」「なるようになるよ」「できなかったら、できなかったでいいじゃん」

「笑点」の新メンバーに決まった時も、不安そうな宮治さんに「いける！」とカラッと声を掛けていたのが印象的だった。


落語でも、亭主を支えるしっかり者のおかみさんというのは多く登場する。

志ん生の代表作であり、わたしが落語にハマったきっかけである「火焔太鼓」も然り。商売下手な亭主の尻を叩いているのは、気の強いおかみさん。

「火焔太鼓」は本当にラッキーな展開で夢のある落語だが、もう少し現実的に、おかみさんの裁量で亭主の心を入れ替えさせて、商いも夫婦仲も順調にいく——といえば「芝浜」である。

ご存知、傑作人情噺である。噺のクライマックスが大晦日であることから、年の暮れに演じられることの多い落語。「芝浜」を聴くと、あぁもう一年が終わるなぁ、と感じ入る。

演目名である芝浜は、現在の東京都港区芝から芝浦の東海道線沿いにあった浜のことだそう。今行くとすれば、都営地下鉄三田駅、ＪＲ田町駅あたりが近いだろうか。

他の呼称である「芝浦」だけが残っていると思ったら、なんと2022年4月、芝浦一丁目に「港区立芝浜小学校」が新規開校した。ちなみに、これも知らなかったが、高輪ゲートウェイ駅が開業する際の駅名の公募では、第3位に「芝浜」が入っていたそうだ。芝浜という名に対する、地域の人の愛着と、全国的な知名度の高さに驚かされる。

さまざまな落語家さんが演じてきた名作だが、わたしは特に古今亭志ん朝の「芝浜」が好きでよく聴いている。父である志ん生もそうだが、主人公の熊さんが大金の入った財布を拾うという、あの芝浜での描写がない演出がとてもしっくりくる。もう一つ良いなぁと思うのが、最後の大晦日の夜の場面のおかみさん。

簡単にあらすじを紹介しながら、何がどう良いのか説明していきたい。

主人公は棒手振《ぼてふ》りという、天秤棒一本で行商をしている魚屋の熊さん。仕事の腕は確かで、評判もいいのだが、この熊さん、大の酒飲み。あるだけ飲む。朝から一日中飲む。そんなことを繰り返すうちに、だんだんずぼらになってきて、魚を腐らせるなど仕事でしくじることが増える。

やがて仕事にも行かずに飲んだくれて、ひと月も休み、年の暮れ。借金の山で肩身の狭い思いをしているおかみさん。朝、熊さんを無理やり起こして、「お酒をやめて一生懸命働いてほしい」と懇願する。明日から明日からと逃げ続けた熊さんは、文句を言いながらも仕事道具を持たされ、暗いうちから商いに出ることに。

「河岸で喧嘩しないようにね！」と見送ったおかみさんは、ようやく仕事に出てくれたことにホッとし、神棚を拝んでから、お茶を入れて、火鉢のところに座り、うとうと――と、そこへ戸を叩く音。熊さんが息荒く帰ってくるところへ時間は飛ぶ。

演じる人によっては、熊さんの視点から芝浜で革の財布を拾う描写を入れるのだが、志ん朝演出では、帰ってきてからおかみさんに興奮気味に喋って聞かせることで芝浜での出来事を見せる。革の財布を拾ったときの表情とかを見てみたい気もするけれど、リアルな時間軸での芝浜を見せないことで、この後おかみさんから「それは夢だ」と諭されて熊さんが信じるリアリティがより成立している気がする。

それと、わたしの勝手な解釈だし、話の筋を知っているとそうは思わないのだが、おかみさんがうとうとし始めたところから熊さんが帰ってくるところに繋げているから、「あれ、おかみさんの見た夢なのかな」とも思えるような仕掛けになっている。実際はミスリードなのだが。

さて五十両も入った財布を拾って、これで遊んで暮らそうと舞い上がった熊さんは、仲間を呼んでどんちゃん騒ぎ。そして翌朝――。

一体、支払いをどうするのか。昨日は「めでたい」と言っていたが、何のことだ。お金が欲しい欲しいとばかり考えているから、そんな夢を見るんだよ。

「金を拾ったのは夢で、酒を飲んだのはほんと。割に合わねぇ夢みちゃったね……」

　情けない思いになり、熊さんは酒を断って、商売に精を出すと約束する。そして、そこから熊さんは心を入れ替えて働き、もともと仕事の腕は良かったから、1年経って借金はなくなり、2年経って貯えができ、3年経って一軒の店を持つことができた。

　その大晦日、借金もなく、必要なものはみんな揃っていてなんとも穏やかな夜。心に余裕が出来たのか、3年前の大晦日は地獄のようだったと回想する。

　さぁ見どころは、そこからのおかみさんだ。順調に商いをしていることを感謝したうえで、「見てもらいたいものがある」とあの芝浜で拾った革の財布を出す。五十両も残ったまま。

　おどろく熊さん。訳を聞くと、あの日、もし大金を自分の物にして使ってしまったらお縄になるようなことがあるかもしれないと思って、熊さんが酔っ払って寝た隙に大家さんのもとへ行ったという。そこで「お上に届けてやるから、夢だと言いな」とアドバイスをもらい、その通りにして、うまくいった。財布は、1年後に落とし主が見つからなかったから戻ってきたが、これを伝えて、熊さんがまた元に戻ったらいけないと思い、隠し続けた――。

　このことを、決して偉ぶるわけでも上から目線で話すわけでもなく、ずっと騙していて申し訳ないと涙を流して謝るのだ。おかみさんの誠実さが伝わる場面である。「もう大金を見ても変わる人じゃない」からと真実を伝え、「もう酒にのまれる人じゃない」とお酒を勧めるおかみさんが素敵すぎる。

おかみさんが3年の間、申し訳なさを抱え続けたこと、亭主を信じ続けたこと。そしてそれを理解して、また感謝する熊さん。「飲むのはよそう。また夢になるといけねぇ」なんて言うけれど、良い夫婦だなぁと、聴いているこちらはしみじみ一杯飲みたくなってしまうのである。

「酒×夫婦愛」といえば、「替り目」という落語もある。

この落語に登場する亭主も酒好きで、べろんべろんに酔っ払って帰宅するところから始まる。出迎えるおかみさんは寝かせようとするが、まだ飲みたいという亭主。飲ませません、飲みますの押し問答。おかみさんは「いけません！」とはっきり言うが、「このうちの主だぞ。おれが一番偉いんだぞ」と絡んでくる。

おかみさんが折れて渋々お酒を出すと、今度は何かつまむものが欲しいと言う。なんにもないと言っても、「今朝食べ残した納豆は？」「あたしが食べちゃった！」「言葉遣いが悪い。『いただきました』と言いなさい」と口うるさく、「昆布の佃煮は？」「いただきました」「鮭の焼いたやつ」「いただきました」……しつこくて仕方ないから、おかみさんが横丁のおでん屋で何か買ってくることに。

「ぐずぐずしてると叩き出すぞー！　ばかぁー」とおかみさんを相変わらず口悪く送り出すが、いなくなったと分かって、独り言《ひとりごと》つ。

「ありがてぇなぁ……いい女房だよ。方々のおかみさんにも『本当に美人ですね。あなたには勿体ないですよ』なんて言われる。口では悪く言っちゃうけど、いつもこんな酔っ払いの面倒を見てくれて本当にありがとうございますって、いつだって拝んでんだから」

先ほどまで悪態をついていたのに、おかみさんへの本当の思いをもらすところがとても愛らしい。おかみさんはまだ出かけずにぜんぶ聞いていたというオチだが、どんな顔で聞いていたのかなぁとか想像するだけで、ほっこりする。

ちょうど先日、立川談春師匠の独演会でも「替り目」を聴いたが、改めて、愛に溢れている良い落語だなぁと思った。うちの両親を見ていてもそうだが、夫婦同士、一緒にいればいるほど、なかなか感謝の言葉を伝えることができなくなってくるはず。だけど、こうして酔っ払ったときにでも口に出してくれるのなら、お酒を飲んでくれてもいいよと思ってしまう。

ちなみに、冒頭で話題に出した桂宮治さんが２０２１年に答えたインタビューでは、「毎日浴びるように飲んでいますが、そろそろ控えようと思っています」と語っている。「芝浜」のように酒を控えるのか、「替り目」のように気持ち良く酔う夜もあるのか。どちらにしても落語家さんとして魅力が増すとよいし、なによりも、素敵なおかみさんとお子さんたちがいるから幸せなのは間違いないないだろう。

人々、円丈を語る

「新作プレイヤーが増えた。落語ってこうでなきゃ、っていうのが無くなってきて、おもしろいものであれば受け入れられる」と林家彦いち師匠は言う。

「むかしながらの美学も大事だけど、とらわれ過ぎないことが大事」と柳家喬太郎師匠は言う。

「古典以外は邪道と言われていた時代があった。今は古典も新作も混ざり合っている」と三遊亭白鳥師匠は言う。

そして新作落語の名手たちは、口を揃えて力強くおっしゃった。

「こうなったのは、円丈師匠のおかげ」

司会として出演させていただいた、BS11「柳家喬太郎のイレブン寄席」のスタジオトークでのことだ。番組テーマが〝新作落語〟や〝円丈〟と特に決まっていたわけではないものの、お三方とも高座では新作落語を披露され、スタジオでは円丈師匠の話に花が咲いた。もともとトピックスとして円丈師匠のパートは設けられていたが、特集番組かというほどに盛り上がった。収録は、円丈師匠にジャックされた感覚だった。

三遊亭円丈。2021年11月に76歳でこの世を去った「新作落語のカリスマ」。円丈師匠が50代前半の頃に、「円丈以前、円丈以後」という言葉が生まれたほどの、落語の歴史においてキーとなる人物だ。こんなふうに自分の存在の大きさを認められたら普通は喜ぶところだが、本人は「なんだその言い方は！　おれがいない！」と納得いかなかった模様。「〝円丈中〟なんだ！」とおっしゃったというエピソードからも、円丈師匠がどんな人だったのかお分かりいただけるだろう。

また直弟子の白鳥師匠は、「稽古行くぞー！」と円丈師匠に大雪の公園に連れて行かれ、「脱げー！」と言われたそう。「寒いから嫌です」と言うと、「おれも脱ぐ！」と、一緒になって裸足、パンツ一丁に。そして、笑いながら走るという稽古。傍から見たら、大の大人が気でも狂ったかと思うだろう。でもこの稽古は円丈師匠曰く、羞恥心をなくすためのものだったとか。落語の稽古は畳の上でやるものだ、という固定観念を覆された……。

　稽古だけではなく、実演でも固定観念を覆すような挑戦をされていたという話が、次々と飛び出した。客席の後ろから落語を演ってみたり（誰も振り向いてくれなかったそうだ）、後輩に川に流されながら噺をさせてみたり（よく聞こえないからお客さんからは石を投げられたそうだ）。もはやトライアンドエラーの域を超えている。円丈師匠は二ツ目時代から、渋谷の小劇場で『実験落語』という会を定期的に開催していたが、まさに実験である。

　わたしは、円丈師匠のことは存じ上げていたが、お人柄や、落語における革新的な功績の詳細は正直言って知らなかった。だから彦いち師匠、喬太郎師匠、白鳥師匠が敬意と愛を持って、そして熱を込めて、円丈師匠について語るのを聞いて、すごく興味が湧いた。

　おもしろい！　知りたい！

　落語界を大きく変えた、円丈師匠の新作落語を聴きたい！

　聴ける音源を探してみると、『三遊亭円丈 落語コレクション』というシリーズのCDが全10枚出ている。まずCDジャケットが、どれもかっこいい。躍動感があってさまざまな表情の円丈師匠を見ているだけで、心がわくわくしてくる。

　どんな演目が収録されているのか見てみると、「悲しみは埼玉へ向けて」、「10倍レポーター」、「横松和平」、「ふりかえれば」、「月のじゃがりこ」、「ぺたりこん」、「悲しみの大須」、「インドの落日」……。想像もつかない落語の数々。でも、タイトルからしておもしろそうである。その中に混ざっている数少ない古典落語、「真景累ヶ淵」や「居残り佐平次」が浮いているように感じてしまう不思議。

でも円丈師匠は、昭和の落語界を代表する名人・六代目三遊亭円生に入門している。その円生師匠は、どうやら古典落語至上主義という感じだったようだ。だから古典落語の稽古はしっかりと受けてきたのだろうし、そんな環境下でも入門から7年ほどで自作の新作落語を口演するという挑戦を始めたのはすごい信念だ。

「東京かわら版」2022年6月号で組まれた追悼特集を改めて熟読し、そこからの〝闘いの記録〟に度肝を抜かれた。落語界の革命家であり、発明家でもあることを知る。

1964年暮れに入門。新作落語を作り始めたと思ったら、〝落語だけじゃメシが食えない〟ということでオリジナルの紙芝居をやる。『落語アドベンチャー』という、落語関係者の前で自作の台本を読み感想を聞く会を立ち上げたのは、入門から10年にも満たない頃。さらに、落語好きの社会人たちと新作落語を作る同人グループ『日本ボールペンクラブ』を結成。円丈師匠が残した「プロの芸と素人の発想」という言葉の根源がここだ。その新作落語の発表会がのちに、いくつもの伝説を残した

『実験落語』となる。真打になる前にこれだけ自ら動き、輪を広げていくエネルギーたるや、恐るべし。

真打昇進し、円丈を襲名した翌年、師匠・円生が亡くなる。それを機に、新作一筋での活動を決意する。

挑戦のエネルギーはさらに増していく。例えば、「〇〇落語」というのを多く発明する。プロレス落語（プロレス形式で落語対決をする）、パソコン落語（高座にマウスを持ち込み落語を口演、のちにＶＨＳ『落語で学ぶWindows95』も出している）、ザリガニ落語（ザリガニを連れてきてザリガニ相手に落語をする）、プリクラ落語（詳細は不明……）などなど。

斬新な試みをする『実験落語』は『応用落語』となり、ここで冒頭の白鳥師匠、喬太郎師匠、彦いち師匠が活動に加わっていく。新作を色んな人にやってもらいたいと、向いていそうな後輩を見つけてはスカウトしていたそう。彦いち師匠も「君、新作書けるよ」と声を掛けられ、他の一門にもかかわらず新作落語の稽古をつけてもらっていたという。まさに新作プレイヤーの原石を見つけるプロデューサーだ。いまや新作落語のイメージが定着している、春風亭百栄師匠や桃月庵白酒師匠、２０２１年真打になった女流落語家・弁財亭和泉師匠も、円丈師匠に声を掛けてもらったことが新作をやるようになったきっかけと聞く。一門や年齢などの枠を超えて、フラットな目で人を見ていたことが分かる。

さらに、『新作落語２０００』や『無限落語』と、新作落語のネタ下ろしをする会を立ち上げ、新作落語ができる場を増やしていく一方で、学長として『円丈ギャグ・アカデミー』を開講し、指導するということもしていた。

かと思えば、落語と関係なく、ＲＰＧのシナリオを手掛けたり、特撮ドラマに出演したり、『日本参道狛犬研究会』を創設して神社に狛犬を奉納したり。ゲームや狛犬は趣味が高じて形になったものだが、他にも散歩、カメラ、競馬、コイン収集、ジョギング、読書、釣り、ボクシング、麻雀、焚火――と、ここでは全て書き切れないくらいの趣味をお持ちだった。もう、何人円丈師匠がいたら、ここまでのことができるのでしょう。常人ではあり得ない好奇心、発想、精力である。

経歴を見るだけでも、この方が革命を起こしたのは納得だ。

また、「東京かわら版」の特集では、追悼座談会なるものが三部に分けて組まれている。一つは、円丈師匠が切り開いた道を進んでいった〝円丈チルドレン〟とも称されるＳＷＡ（創作話芸アソシエーション）のメンバー。何度も登場している喬太郎師匠らがそうだ。

二つ目は、一緒に落語の概念を変える挑戦をしていた『実験落語』のメンバー。そして最後は〝被害者の会⁉〟という文字もあるが、近くで見ていた弟子たち。それぞれの角度から出てくる円丈師匠とのエピソードが非常におもしろく、師匠が立体的に見えてくる。

喬太郎師匠のお話の中にこんな言葉があった。

「うちの師匠とか円丈師匠のちょっと下の後輩の皆さんて、古典派も新作派も関係なく円丈師匠のことが大好きだったみたいですね」

実際、それが誌面にも表れていて、座談会の他にも、50名近くの一門や仲間からのコメントがずらり。ファンからのメッセージなども多く寄せられていて、円丈師匠という人は、やることは破天荒で無茶苦茶でも、落語は言うまでもなく、人としても素晴らしかったんだろうなぁ、本当に愛されていた人だったんだなぁと感じる。愛されている上で、みんなが語りたくなる人だったのだと思う。

何人かの方がおっしゃっていて印象的だったのが、円丈師匠は古典を含めて新作でも昔の噺はやらないということ。落語もそうだが、自分の過去の話などをされるのも好きではないし、自身もあまりしなかったという。

1981年の「東京かわら版」のインタビューで円丈師匠はこんな言葉を残している。

〈本来いつの時代でも新作が主体でなければおかしい、と思ってるんですよ。明治の中頃まで、いまの古典はその時代のものだった。その意味では、ほとんどの人が現代

落語を演ったんですよね〉

ある時代になって古典と名付けたがゆえ、新作が邪道なものになってしまった。でも落語をやる意味として、今の時代を切り取り、それを今この時代に聴いてもらうことを大切にしていたのだろう。だからこそ、時代にそぐわなくなった噺はやらず、新しい落語を生み続けたのだ。

また、「作って演ってウケることが検証できたなら（そのネタは）もういい」とも言っていたそうで、潔く前へ前へと進む姿に感銘を受ける人は多かったに違いない。時には時代を追い抜いて先に行ってしまうこともあっただろうけれど、円丈師匠は、今という時代の波に乗り続けようとした人だったのだ。

70歳を過ぎても、『実験落語ｎｅｏ』を開始させ、さらにTwitterも始めるなど、そのエネルギーは衰えることを知らず、最期まで凄まじかった。

「衝撃的」「破壊力が凄まじい」「最高の芸術」「凄い発想」「眠れないほど興奮した」と、さまざまな人が絶賛する円丈師匠の落語とはどんなものなのか——。

それは聴く側もエネルギーを蓄えてからにした方が良さそうだ。

Amazon でポチッ×10!!

円丈、落語を生かす

そして、円丈が我が家にやって来た。

もちろん本人ではなく、『三遊亭円丈 落語コレクション』というシリーズ全10枚のCDである。音楽のCDを買うことはほとんどなくなってしまったが、近年落語のCDを買うことは確実に増えてきている。届いた10枚を手に、「推し」とはこういうことなのか、と初めての感覚を味わっていた。

古典落語至上主義の師匠・六代目円生の下で育ったからだろう、二ツ目時代から新作をやり始めていたとは言え、やはり当時は古典をかなりやり、得意としていたと本人も言う。

その中でも、女郎買いの噺、つまり吉原を舞台にした廓噺で、「突き落とし」や

「五人廻し」、「錦の袈裟」「お見立て」などが十八番だったそう。寄席でも廓噺をやる人が圧倒的に多く、しかも「ドッカンドッカンウケていた」と、『落語コレクション9th.』に収録の「居残り佐平次」のマクラで話している。

今の寄席では、廓噺は出ても一、二席。どうしてここまで違うのか——。それは当時、廓噺が古典落語ではなく、現代落語だったからだ。

円丈が円生に入門したのが、１９６４年の東京オリンピックの年。実はその6年前まで、吉原遊廓はあった。だから落語を観に来ているお客さんは、吉原を経験……というよりもむしろ、ばりばりに吉原で遊んでいた世代なのだ。現在とは異なり、吉原に行くことは〈飲み会の二次会でカラオケに行く感覚〉だったとか。

吉原の専門用語というのがある。勘定が払えない場合、家まで一緒に店の若い衆が勘定を取りに来る「うまがつく」「つきうま」、誰かが店まで代金を持ってくるまで帰れない「居残り」。

今だったら無銭飲食は警察に通報されて終わりかもしれないが、当時は警察にお世話になることが店の恥であるという考えがあったため、このような処遇があったそうだ。

落語に入る前に、時代背景や言葉を説明して吉原の文化を教えてくれるあたり、今のお客さんに合わせていて親切だなと感じる。普段わたしも落語を聴いていて、こういうのはとても有難く思う。想像だけでは補いきれない部分があるから、少しの知識を入れた上で落語に入れるとさらに世界は広がる。

〈古典に今がないとどうなるか？　ホルマリン漬けの落語標本で死んだ落語になる。死んだ落語は笑えない〉

円丈ははっきり言い切った。この「居残り佐平次」にも「今」が入り、まさに現代で起きているかのように感じる落語だった。

ちなみに音源は、２０１０年3月17日、浅草東洋館で行われた「円生争奪杯」での高座。「七代目円生」を誰が継ぐかで論争が起き、名乗りを上げた直弟子の円丈と孫弟子の鳳楽が直接対決をしたのが、この会だ。客やメディアが興奮し、緊張感も漂う異様な空気の中での一席だったそうだが、それを知った上で聴くと、よりおもしろい。

この一席で円丈が、落語に時代や今を反映させることを大切にしていることが感じられるが、古典落語に向き合うにあたっても常に〝なぜかつてウケたのか〟、〝この噺の面白い部分はどこか〟を考え続けていたように思う。

時代と落語をすり合わせるだけではなく、自分と落語を近づけることにも成功していると強く感じたのは、「名古屋版金明竹《きんめいちく》」。

お店の小僧とおかみさんが上方の人の難しい言葉に振り回されるという、寄席でも聴くことが多い古典落語「金明竹」だが、円丈が前座時代に、師匠円生から、「お前は名古屋だから名古屋弁でやれ」と言われて出来た噺だとか。しかも前座として高座に上がり、この「金明竹」がよくウケたという。手応えを感じていたのだろう、真打になってからさらに改作し演じている。

「旦那、ござってりゃすきゃ？」

〈珍しい、貴重な変わったお噺〉という前振りから始まったのは、見事な名古屋弁による独特のテンポで、確かに聴いたことのない「金明竹」。名古屋弁の「きゃあ」「みゃあ」というかわいい響きの語尾がクセになり、さらに可笑しみを増幅させる。お店の小僧とおかみさんがどうにかして聴き取ろうとしているというよりも、名古屋弁を楽しんでしまっている様子が手に取るように分かって無条件に笑える一席だ。

あるお弟子さんが円丈に新作を見せたときに、「お前が面白がれよ！」と駄目だしをされた、というエピソードを思い出す。まさにこの「金明竹」は自分の出身の名古屋弁にすることで、演じている本人がのびのび、楽しそうなのがすごく伝わってくる。声だけ聴いていてもテンションが高い。

もう一つ、円丈自身が面白がって演じるために改作したのではないかと感じた落語が、「新寿限無」である。どこをどう新しくしているのかと思ったら、もはや新作落語！　落語を知らなくても暗唱できる人が多い「寿限無寿限無、五劫のすりきれ……」という、あの有名なフレーズ（名前）がまるごと新バージョンになっているではないか！

あらかじめ、古典の「寿限無」のあらすじをちゃんと紹介した上で、「もう一回最初からやってみたいと思います！」と「新寿限無」に入っていく。つまり、この噺の面白い部分が、話の筋よりも名前の長さ、言葉の面白さであることを利用しての改作なのである。

「酸素酸素、クローンのすりきれ……」と科学的な、円丈流めでたい名前はぜひ、実際に聴いて楽しんでいただきたい。わたしの今の目標はこれを暗唱できるようになることだ。名前に笑い転げているところで衝撃のサゲが待っているから、最後まで油断できない。

このネタはほとんど書き直すことなく、30年以上やり続けたそう。だがそれは円丈にとって珍しいことで、新作落語を書くときなんかは、7、8回は推敲を重ねる。さらにネタ下ろししても、だんだんウケなくなってくるから2、3年に一度はホコリを払うという。時代を肌で感じながら、真摯に落語に向き合ってきた円丈。

ここまで紹介した三席は、古典落語と古典の改作だが、実は『落語コレクション』に収録されている落語の8割方は新作落語だ。それもそのはず、CDを最初にリリースしたときのキャッチコピーは「古典落語の時代は終わった！」。かなり攻めた言葉だけど、当時円丈がよく語っていた言葉だそうだ。さすが、〝新作落語のカリスマ〟。

その『落語コレクション1st.』の一席目に収録されているのが、代表作「悲しみは埼玉へ向けて」である。「東京かわら版」追悼特集での「円丈作品ランキング」で、堂々の第1位だった。

「階段を上ってホームに出る。発車のベルは、まだ鳴っていた。駅の表示を見る。ひらがなで黒々と6文字……」

と、一篇の小説の書き出しのような言葉、それを朗読するように丁寧に感情を込めて語る導入から、完全に引き込まれてしまった。同時に興奮もしていた。どういう展開になっていくのだろう。

「なんという、悲しみに満ちた名前だろう」

〝埼玉の隠し玄関〟、〝群馬の物置〟と、あらゆる方向から（愛を込めて）いじられることになる北千住が舞台だ。かなりローカルな話題になるが、描写がかなり細かい。40年以上前、二ツ目時代に東保木間に住んでいたときに、「足立区の代表として」とこの噺を作ったそうで、以来ずっと足立区在住というから「代表」と言っても間違いなさそうだ。

「19時43分発、準急新栃木行きの発車のベルは、まだ鳴っていた」

これをブリッジのように使い、北千住駅から新栃木駅に向かう東武伊勢崎線や日光線、乗り入れる地下鉄日比谷線などの電車内外で繰り広げられるさまざまな人間模様を、オムニバス的に見せていく落語だ。

埼玉出身のわたしとしては、落語のタイトルに「埼玉」が入っていることがうれしい。そしていじられるのは北千住だけではなく、埼玉に栃木、そして群馬も。「翔んで埼玉」のように、出身の人が聴いたらさらに楽しめるのではないかと思う。

頭から離れないのは、越谷に家を建てることを報告しに実家に帰った息子が両親から言われた言葉。父親からは「人の道にはずれたことを……!」、母親からは「埼玉に住むような子を産んだ覚えはありません」。他のエピソードでは、「埼玉の何が悪いんだコノヤロー!」と闘っていたり。語りに愛があるから笑えるのだ。

今聴いても感動と興奮を覚え、衝撃を受ける落語だった。構成から何から、落語の可能性を広げた〝新しい落語〟になったことは間違いない。

円丈は落語の枠を広げていくためにさまざまな活動をしていたのだが、だいぶ初期に立ち上げたのが、落語好きの社会人たちと新作落語を作る『日本ボールペンクラブ』という集団。そこで出たアイデアから作った落語が、円丈作品ランキング第2位の「ぺたりこん」。

数多くの落語を創作した円丈に、「どんなものが題材になるんですか」と訊いたら、「なんでもなる」と答えたそう。それをまさに証明しているような作品でもある。「幻の名作」と自身もマクラで言っているが、収録された2005年時点で20年以上はやっていなかったそう。ちなみに現在、喬太郎師匠もやっている模様。

ある日、主人公のサラリーマンの手が机に貼り付いてしまうという、かなりシュールな設定を会社というリアルな舞台で展開していく。そして主人公が運命を受け入れていかねばならなくなる不条理さが描かれ、めちゃくちゃに心揺さぶられた。途中まで大爆笑していたのに、気づいたら鳥肌が立ち、いやな汗が出ている。そしてラスト3分で泣けてきてしまう。現代の問題を反映しているような、そんなメタファーも感じる……。多くは語りたくない。ぜひ聴いて体感してほしい。

落語における固定観念を覆せるほどの作品が持つ説得力を、肌で感じることができた。調べてみると、「古典落語に引導を渡せ」とか「古典落語は邪道だ」という言葉も出てくるが、よっぽどの覚悟とエネルギーを持っていたのだろう。

とは言え、「真景累ヶ淵～豊志賀の死」という怪談噺を聴いて、古典への熱の入り方も尋常ではないことを感じた。古典、新作、どちらだとしても、お客さんを巻き込んで自分の目の前で起きているかのように感じさせる語りは、唯一無二だ。落語を生かし続けるために、生き抜いた人だったのかもしれない。

寄席によせて

カラカラカラ
ガリガリガリ
ふふふ
CDや動画でも落語は聴けますが
寄席で笑うのとは感じがちがいますね
口角を上げてみる
アゴが外れるほど笑ったら病院に負担をかけますし
上のコマくらいに笑えればまあ良しとしましょう
covid-19の緊急事態中
はははは
ではまた次回

夢の演芸会～稽古編～

　寄席に落語を観に行った話を書くことはあっても、寄席の高座で落語を披露した話を書く日がくるとは夢にも思わなかった。が、２０２２年２月24日、池袋演芸場にて、わたしは寄席の高座デビューを果たした。

『落語協会特選会　春風亭ぴっかり☆南亭市《なんていいち》にゃお（南沢奈央）夢の演芸会』。「夢の演芸会」と銘打っているくらいだから、本当に夢なのではないかとしばらく思っていた。それくらい自分が寄席の高座に上がることに現実味がなくて、正直言って、なかなか落語の稽古に取り組めないでいたのは、ここだけの話。

　そもそも、どうしてこんな流れになったのかというと、前から親交があり、取材もさせていただいた春風亭ぴっかり☆さんが、寄席に出てみませんか、と声を掛けてくれたのだ。ただそれだけでは恐れ多くてお断りしていたが、ぴっかり☆さんがこの年の3月下席に名前も新たに真打に昇進されるということで、そのお祝いの気持ちも込めてやらせていただくことにした。

取材時には未定だった名前が「蝶花楼桃花」に決まり、さらに一歩前へ進まれたぴっかり☆さん――。その時にあるアイデアが浮かんだ。ぴっかり☆さんのヒストリーが見えるような落語を創作して演じたら、面白いのではないか。

そんな前向き（今思えば無謀）な気持ちがあったとは言え、その時点では、ぴっかり☆さんの会のゲスト的な立場での出演と思っていて、どこか気楽さがあった。

「二席披露してもらって、トリをぜひ務めてください」

クリスマスで賑わっていた12月末に行った打合せでいきなりそう言われたときには、全力で頭を横に振り、「いやいやいや、ちょっと待ってください！」と声を裏返しながら話を止めた。「昇進間近のぴっかり☆さんが主役の会がいいと思います！」。必死の主張である。

でもぴっかり☆さんは、滅多にない寄席での会だから「二人会」というスタンスでしっかりと落語を披露してほしいと言ってくださり、恐縮しながらもそういう運びになった。この恐縮は本番当日まで続くのだが。

というわけで、まず前座さんの後にわたし市にゃおが短めの一席、そしてぴっかり☆さんが一席、仲入り後に二人でトークをし、ぴっかり☆さんが余芸、そしてトリに市にゃお、という構成に決まった。わたしは前半に新作、そしてトリは古典でいくことにした。

実はわたしには、以前稽古をつけてもらったが、まだどこでも披露していない落語があった。それが2018年にNHKの番組内で柳亭市馬師匠に教えていただいた、「厩火事」だ。

その時、5分ほどの放送尺で20分以上の噺をやることに怖気付いていたわたしに、市馬師匠が言ってくださった言葉を思い出す。

「今回の企画の為ではなく、ちゃんと『厩火事』を稽古する。その内それが役に立つこともあるでしょうから」

まさに、その〝役に立つ〟ときが来ました。教えてもらってから4年経ってしまったが、ついに披露することができる。すぐに市馬師匠に報告し、当時聴かせていただいた市馬師匠の「厩火事」の録音と、それを文字に起こした台本を引っ張りだして、わたしは自主稽古を始めた。

ところどころフレーズは覚えていたものの、ほぼ一から覚え直しだ。つくづく、脳内にいくつもの噺をストックしておける落語家さんって凄いなぁと思う。役者は、本番が終わればポイッとセリフを捨ててしまう。そして次にまたセリフを入れて、フレッシュに演じる。その繰り返しだ。忘れることも仕事の内であるから、そこは大きく違うと改めて思った。

だけどやはり、ちゃんと稽古をつけていただいて良かった。台本は覚えていなかったが、感覚は少し残っていたような気がする。テンポ感とか姿勢とか、身体感覚的なものだ。だから集中してやり始めたら、割とすぐに噺を思い出すことはできた。

ここからが問題だった。覚えることはできたが、どうおもしろくするか。

家で一人でやっていても、自分がおもしろくない。大問題である。これも一つ、落語家さんと役者の違いだろう。日頃の舞台稽古などと違って、演出家がいないことに不安を覚えていた。どこをどう修正したら良くなるのか、客観的に見るのがむずかしい――。

「メールの返事が遅くなったお詫びに、落語をチェックしてやるよ」

なんと、立川談春師匠に「厩火事」の稽古をつけてもらうことになった。落語をやることになった時に談春師匠のことが頭をよぎったのだけれど、さすがに自分からお願いできないなぁと思っていたところ、落語会のことを知った談春師匠が、そんな粋な申し出をしてくださったのだ。

そして某日、談春師匠のお宅へお邪魔した。畳の部屋へ通していただく。座布団が用意されている。これから始まる稽古、何時間に及ぶか分からないけれど、足が痺れようが膝が爆発しそうになろうがこれも一つの修業である、と覚悟を決めて正座をする。

するとすぐに、「足くずせ」。

これは試されているのだろうか。そう言われても正座を続けるのが礼儀だろう。でも「え？」と戸惑っているわたしにもう一度、おっしゃるではないか。「足くずせって言ってんだよ」。師匠と一対一で向き合って落語の稽古をつけていただく。この状況で、どうやって足崩せばいいの。もう早速パニック状態である。

軽く崩したわたしを見て、では、と一枚の紙を前にペンを握る談春師匠。

「まず、どうしてこの噺をやりたいの？」

まず、現時点のわたしの「厩火事」を見ていただくものじゃないの？　予想外の面接のような状況にまたパニックだが、「お崎さんが好きだから」と答える。

「どんなところが好きなの？」「亭主の愚痴ばかり言っているけど、すごく好きなのが分かるから可愛い」「好きな場面は？」「最後、お崎さんが家に帰ってから」「じゃあ、好きなようにやってみて」

それは、〝自分の言葉でやってみて〟という意味だった。

仲人の旦那のところに相談に行った帰り道、家に着くまでの間、お崎さんは何を思うか。何でもいいから一言言えば物語は始まると言われ、「お腹減ったなぁ〜」と漏らすと、これは落語家には出ないよと笑ってくださった。

そこからは談春師匠とわたしの即興芝居のような展開になっていった。わたしがお崎さんを演じ、談春師匠が亭主をやってくださる。何を言っても、亭主のセリフの中でうまーく落語の筋に戻していってくれて、「亭主にこう言われたらお崎さんはどう思って、なんて言う？」と考えさせてくれる。

「一言でも実感のある言葉が入るだけで、一気に本当に見える。だから、教わった通りじゃなくて、その時出てくる自分の言葉でやりなさい」

稲妻が走った。自分がすっかり型から入っていたことに気づく。いつも芝居でやっているようなアプローチとは全然違うやり方をしていた。相手にそう言われたら、どう心が動くのか。どんな人物像にしたいのか。この噺を通して何を伝えたいのか。普段なら当たり前のように考えることをまったくせず、市馬師匠の音と言葉を再現しようとしていた。言ってしまえば物まねだ。だから自分でやっていてもおもしろくなかったのだ。

「落語は等身大でやる」。今のわたしがどう感じるのか。役者であるわたしがどう作っていくか。今の自分がこの「厩火事」をやる意味を改めて問われた気がした。同じ噺でも毎回見え方がちがう、談春師匠の凄さの一片を知ることができた。

もう一つ、談春師匠の凄さの秘密だと思ったのは、〝何を見せたいか〟をイメージして、映画撮影のようにカット割りを考えていくというもの。落語におけるカット割りというのは、どこで顔を振って人物を切り替えるか、ということだ。落語では、演者が顔を上手《かみて》と下手《しもて》に振り、その顔の向きや目線で人物を表現する。この〝落語の上《かみ》下《しも》〟をどう使うか……。

たしかにわたしはお崎さんが好きで、お崎さんという女性を引き立たせたくて演じているはずなのに、仲人の旦那がさまざまなアドバイスをしている最中どんな風に聞いているのかを見せなかった。どういうことかというと、旦那が長い話をしている間もあまり口を挟まない。市馬師匠のやり方はそうなのだが、それは市馬師匠の口調やリズムが気持ち良いからずっと聞けてしまうだけで、わたしがやっても同じようにはいかず。

自分の中でお崎さんのキャラクターを考えたときに、旦那の話をずっと真面目に聞くんじゃなくて、もっと余計なことをやいやい言いそうである。だからカット割りを細かくして簡単なリアクションを挟むだけでも、キャラクターを印象付けられるし、お崎さんの存在もはっきりするということで、細かいやり取りを増やした。

キャラクター作りで言えば、仲人の旦那の方もしっかりイメージして作った。「旦那はお崎さんのこと好きなの、嫌いなの」と談春師匠に問われてハッとした。好きなつもりでいたけど、「いちいち喧嘩のたびにこっちに来られても困るよ」というセリフの通り、迷惑そうに演じてしまっていた。

「旦那はお崎さんのこと、嫌なように見えた」

最初から最後まで一度、談春師匠に見ていただいた後に、まず言われたことだ。好きなんだったら、もっと器の大きいやさしい人物として作らないと、と言われて、口調を柔らかくして上から叱るようなことがないようにする。さらに、落語においてお客さんは顔を見る。だから少しでも眉間にシワを寄せるだけでシリアスに見えてしまうし、迷惑そうにも見える。「特に旦那のほうは顔を作らない」というアドバイスはすごくしっくりきた。

想像するに、きっとお崎さんが旦那のところに来て亭主の愚痴を言って別れたいと訴えてくるのは日常茶飯事で、今回も〝あぁまたか。どうせ別れないし仲直りをするだろう〟と、どっしり構えているはず。だからむしろ、また今日もプンプンしているお崎さんのことを微笑ましく見ているくらいでいい。

もちろん、「毎度毎度本当に迷惑だ」というテンションで作ってもいい。どういう人物として立ち上げたいかを考えることが重要。同じ噺なのに演る人によって印象が違うのはそこかもしれない。

話芸としての技術的なアドバイスもいただいたが、それは一朝一夕に会得できるものではない。でも、体感できたことが一番の収穫だ。そういう音で出すとそう聞こえるのか、この間を取るところ見え方が変わるのか……。いかに効果的に声を使うかは、芝居にも通ずることで、役者として大いに勉強させていただいた。

いち落語ファンとしても、稽古を通して落語を再発見できた。いままでは話の筋を楽しんでいたけど、もっと登場人物のバックグラウンドみたいなところまで想像を広げたら、もっともっと深く落語を理解できるようになるかもしれないと思った。

目から鱗が落ち続けた稽古を終え、ふと気付けば、本番までもう一週間を切っていた。ここから一旦覚えた台本を壊して、今のわたしにしかできない「厩火事」を作っていく――。

夢の演芸会～本番編～

舌先に口内炎が出来ている。痰が絡む。声がかすれ気味……。

体が喋らせまいとしているとしか思えないコンディションで、本番当日を迎えた。

『落語協会特選会　春風亭ぴっかり☆南亭市にゃお（南沢奈央）夢の演芸会』。

池袋演芸場は通い慣れているはずなのに、地下への階段を一段一段下りるたびに体がかたくなっていく。客席ではなく、楽屋の方へと向かうのだ。

中ではまだ昼席が行われていて、トリの桂三木助師匠の「死神」が聞こえてくる。好きな落語だ。でもそれどころではない。自分の心臓の音の方がうるさい。

全く予想していなかった寄席での高座デビュー。その後に蝶花楼桃花師匠として真打に昇進された、春風亭ぴっかり☆さんとの二人会。しかも、二席やる上に、なんとトリを務めさせていただく運びに。信じられないことばかりだ。

「本当にわたしがトリでいいんですか？」

　本番前の楽屋でも確認してしまうほど、恐縮しっぱなしだった。

　恐縮と言えば、楽屋に入って驚いたことがある。それは、ティッシュで鼻をかんだときのこと。ティッシュを出して鼻をかみ終えるかどうかというところで、わたしの横にごみ箱がスッと現れた。前座さんだった。ごみ箱を探すモーションをする前に差し出されたから、びっくり。ティッシュを出した時点で察知してくれたのだろうが、だからと言って、すぐに出してはこちらの鼻かみ待ちになってしまう。「このごみどうしよう」という思考に入る直前の、鼻かみ終わり際を狙って差し出してくれたのだ。しかもこちらが気づかないくらいの気配で、じっと頃合いを計ってくれているという……。やろうとしても出来ない、かなり絶妙な前座さんの技を味わった。

　その後も、カバンから飴を取った瞬間にごみ箱をスッと差し出してくれたりして、前座さんのお仕事は他にもいろいろあるだろうに、かなりきめ細やかな気配りをしてくださった。袴を着る時には帯の結び方を丁寧に教えてくれるし、脱げばすぐに畳んでくれるし、手厚い待遇に恐縮しきりだったのだ。

　開口一番に「寿限無」で客席をあたためてくれた柳亭左ん坊さんと、一席ごとに座布団をひっくり返す高座返しをしてくれた三遊亭二之吉さん。優秀な二人の前座さんの落語家としての今後がすごく楽しみになった。

そんなお二人とぴっかり☆さんとだったから居心地が良かったけれど、池袋演芸場の楽屋はとにかく狭かった。縦長で、両壁沿いに座布団がずらっと並んでいて、壁を背にして足を投げ出そうものなら人が通れなくなってしまう。だからずっと正座していた。ただでさえ正座が苦手で、この後の高座で足が痺れないか心配しているくらいなのに。11年前の初高座で、落語を終えたときに足が痺れていて、生まれたての子鹿のような姿で高座を下りた経験がある。だから楽屋ではまず、足が痺れないコツをぴっかり☆さんと前座さんに聞いたのだ、正座をしながら。

「そういえばそこ、市馬師匠がよく座ってらっしゃる場所だよ」

前座さんの机の並びで、高座に一番近いところ。たまたまわたしが座った場所が、わたしの師匠である柳亭市馬師匠の定位置だったのだ。その偶然がすごくうれしくて、座布団から市馬師匠のパワーをもらえたような気がした。

そもそも、「南亭市にゃお」という高座名があるのも、今回トリで「厩火事」が出来るのも市馬師匠のおかげである。２０１１年に赤坂ＢＬＩＴＺで行われる落語会に出させてもらうことになり、トリで出演される市馬師匠に「雛鍔」の稽古をつけてもらったのが最初だ。

ちょうど先日、春風亭一之輔師匠のラジオ番組にゲスト出演させてもらう機会があったのだが、実は当時まだ二ツ目だった一之輔さんがその会の出囃子の太鼓を叩いてくれて、「覚えてますよ～」「懐かしい！」とか話していたら、なんとその時の打ち上げの写真をガラケーからスマホに移してまで持っていてくれて、ひとしきり盛り上がった。弱冠20歳だったわたしの顔はまだまだ子供で、よくこれで落語に挑戦したなぁと改めて思ったものだ。

「落語をやりたい、なんて簡単に口に出すまい」

初高座でのあまりの緊張ゆえにそう心に決めたから、「厩火事」の稽古を市馬師匠につけてもらっても、4年の間どこでも披露することがなかったのだ。

だけど今回、親交があったぴっかり☆さんから声を掛けてもらったとき、「もう一度チャレンジしてみたい」と実は心の奥底で思っていたことに気づいた。

とは言っても、11年ぶりに人前で落語を披露する。しかも寄席で。初高座の時の緊張を思い出しながら、これから始まる本番の緊張を感じていた時、またもやすごい偶然に驚く。その日のお囃子さんが、なんと赤坂BLITZで三味線を弾いてくれた方だったのだ！　うれしさに加えて、不思議とホッとした。当時、アンジェラ・アキさんの「手紙～拝啓 十五の君へ～」という大好きな曲を出囃子に選んだこともあって、その音に背中を押してもらえたような、応援してもらっているような、そんな感覚になったのを覚えていたからだ。そして今回も出囃子を好きなようにリクエストさせてもらった。

そんなこんなで開演前は出囃子や段取りを確認したり、高座に実際に上がってみて声の響きを確かめたり、目線の高さや上下の振る位置をぴっかり☆さんに教えてもらったりしていたのだが、一つ大きく気になる部分があった。客席の明るさである。池袋演芸場は、客席の照明がやけに明るいことで有名だ。開演前も開演中も変わっていないのではないかと感じるほど。正直慣れるまで、観ている方も落ち着かない。それを今回高座の上から見ると、さらに落ち着かない。客席に真正面から向き合うだけでもこわいのに、お客さんの顔が見えすぎてこれは出来ない、と思った。怪談噺でもここまで暗くしないと言われたけど、わたしが懇願して客席の照明を落としてもらったのだった。事情を知らない寄席のスタッフさんたちは、「電気落ちちゃってるよ。大丈夫？」とざわついていたらしい。

以前、ＮＨＫの番組でご一緒した古今亭菊之丞師匠が楽屋に顔を出してくださり、励まされたりしていたら、あっという間に開演の20分前になっていた。着替え始める。実は今回着た2着の着物は、ぴっかり☆さんの私物だ。わたしは着物を持っていないので相談したら、貸してもらえることになったのだ。着付けも手伝ってくださって、帯の結び方から袴の着方まで前座さんも二人総掛かりである。そして、今回の本番に向けて「厩火事」の稽古をつけてくださった立川談春師匠からいただいた手ぬぐいを懐に入れて、これまたいただいた扇子を持つ。チームプレイの芝居と違って落語は孤独なんだろうなとずっと思っていたけれど、一体何人に支えられてわたしは高座に上がるのか、と考えたらふと胸が熱くなった。

「勉強させていただきます」

「ご苦労様です」

ぴっかり☆さんがやさしく見送ってくれる。そして、♪ぽっぽっぽ〜鳩ぽっぽ〜という出囃子のメロディがわたしをわくわくさせる。

一席目は、新作落語だ。真打昇進間近だったぴっかり☆さんのために、「前座ぽっぽ伝説」という落語(風のもの)を書いた。ぽっぽというのは、ぴっかり☆さんの前座時代の名前で、出囃子も童謡の「鳩」にしたのだ。

高座に上がって早速悩んだのは、第一声だった。頭を下げて拍手をいただいた後に、何て言い出せばいいのか、ずーっと考えていた。「たくさんのお運びで御礼申し上げます」?「初めまして、南亭市にゃおです」?「一席目は新作やります!」? 決めかねて、結局にやにやしながら出たのは、「みなさん、こんばんは〜」という何ともゆるい挨拶。まず自分自身が緊張しないようなスタートを切らなくては、と思った次第である。

「前座ぽっぽ伝説」は、以前取材した際にぴっかり☆さんから聞いた話を元に作った。前座時代、高座で緊張のあまり絶句してしまい、お客さんに「この後どうなるんでしたっけ？」と問いかけたこと。寄席で、一つの噺を3人の前座でリレー形式で演じたこと。こうしたエピソードを盛り込んだ。だから劇中劇ならぬ「噺中噺」を入れる構成になり、結果的に、絶句した「狸札」とリレーした「たらちね」も覚えることに。せっかくだから、リレー落語のパートでは、全然噺が出来ない前座の一人として市にゃおも登場させてみたり、もう一人は動物繋がりで「いぬ太」という名前にしてみたり。創作していく過程も面白かった。

自分が作ったものを披露するということもあって、ガチガチの緊張の一席目だったわけだが、やっていてすごく感じたのは、お客さんがあったかいということ。暗くしたから表情までは見えなかったけれど、漂う空気が柔らかくて、笑い声が声援のように響いた。

その後、前半はぴっかり☆さんが、「たちきり」できりっと締めてくださって、本当にかっこよかった。仲入り後は、二人でトークをし、ぴっかり☆さんが三味線演奏で場をさらに和ませてくださって、いよいよ二席目、トリである。

「ここで失敗しても、お前のキャリアに何の傷もつかないんだから」

談春師匠の言葉に、かなり気が楽になっていた。だからもう、失敗を恐れずに思いっきりやるのみ。

出囃子の「一丁入り」が始まる。わたしが落語を好きになったきっかけの古今亭志ん生が使っていた出囃子である。ぴっかり☆さんに、「さすがに落語家は使えないから、寄席で『一丁入り』を聞けたのは感動した」と言われた。我ながら図々しいことをしてしまったかもと今更ながら思うけど、やっぱりこれはちょっとした自慢である。

今回の「厩火事」は市馬師匠のものをベースに、改めて談春師匠に稽古をつけてもらった新しい形になっている。この噺を通して、〝何を伝えたいか〟を考えながら演じた。意識したのは、それぞれの人物の人柄を出しつつ、お崎さんにフォーカスを当てること。

あと、談春師匠に教えてもらって付け加えた、仲人の旦那の一言がある。お崎さんから、亭主がどうしようもない人なのか、それとも情のある人なのか見極めたい、と言われた後にこう返す。

「あのねぇ、人の了見を試すってのはヤなことだよ、怖いことだよ。それでもお前さん、いいのかい？」

この一言は、とても大切にした。というのも、実はこれ、志ん朝が「厩火事」に入れた言葉なのだそう。こういった本質を突く言葉があると、噺が締まる。自分もやりながら考えさせられていた。

不思議と緊張はあまりなく、一席目よりもお客さんの反応が早くて、いい流れに乗れた。だからやっている間もすごく楽しくて、終わったときもちゃんと「楽しかった」と言えた。もう二度と再現できない、生きた落語が出来たと思う。また落語の新しい面白さを知ってしまった。安堵と幸福感に包まれてぐっすりと眠ったが、達成感はない。むしろ、何かが始まったような気がしている。

寄席によせて

今も世界のどこかで、南沢奈央はメスをふるって奇跡をおこしているのだ――

うちの猫が変です
たしかにねてばかりで
私には手のほどこしようがない
……あるいはあの人なら…
誰です
モグリの獣医ですが腕は凄い
ただべらぼうな報酬を――
南沢先生！
お願いします！
3千万円だ
うん
歳で腎臓が弱っている
毎週点滴をして
エサも療養食に変えましょう
ついでに猫っぽく治しといたよ
助手のキノコなのよさ
カッカッ

鈴本演芸場十一月上席

秋晴れが清々しい。そんな真っ昼間からいただく一杯が、たまらなく美味しい。

上野広小路にあるラーメン屋さんのカウンターで、数か月ぶりに休日を感じていた。一杯、というのはラーメンではなく、もちろんお酒。本当に美味しいが、正直驚いている。飲むつもりはまったくなかった。だけど無意識レベルで、発券機のサワーのボタンを押していた。ぜんぶ、陽気のせいである。

今日は、文化の日。世間でも休日だ。できれば平日が良かったなとも思う。おそらくこのラーメン屋さんだったら、お昼時、スーツ姿のサラリーマンなどで賑わうであろう。その中でラーメンをつまみに、一杯ひっかける。その背徳感と優越感。昼飲みのテンションを上げる理由になることは間違いない。それが今日は、休日を楽しみに来ている家族連れやカップルで賑わっている。カウンターの並びに座った40代くらいのご夫婦も、ふたりで餃子を一皿注文し、乾杯している。最高だ。一緒に乾杯させてはもらえないだろうか。こうして昼飲み仲間を見つけると高揚してくる。平日では味わえない感覚だろうと思うと、これもまた良し。

さてさて、このままお酒談義に走って終わらせるわけにはいかない。わたしは飲むために上野に来たわけではない。鈴本演芸場の昼席を観にやって来たのだ。コロナ前であったら、広小路の交差点にある松坂屋の地下でお弁当を見繕って、コンビニで缶チューハイを1、2本ゲットして鈴本へ、というのが定番の流れであったが、客席での飲食が出来なくなってしまったここ数年は、開演時間よりちょっと早めに着いて、寄席の周りのお店にふらりと立ち寄る。それも楽しみの一つとなった。

鈴本はわたしが一番よく訪れる寄席だ。居心地がよい。というのも、大学生で寄席に通い始めた頃、他の寄席には緊張しながら一人で行っていたのだが、鈴本には祖母と一緒によく来ていたから。祖母が上野の老舗《しにせ》鰻屋・伊豆榮の鰻が大好物で、どちらが本当の目的だったか分からないが、必ずと言っていいほど、鈴本と伊豆榮をセットで楽しんだ。祖母に連れてきてもらった思い出があるからか、寄席に行ってみたいという人がいたら、まず鈴本に連れていく。

鈴本でのお気に入りの席は、前方の下手ブロック。客席扉からも遠く、途中から人が入ってきづらい場所なので、最初から最後まで割とゆったりと座ることができる。今回は、に列の5番、つまり前から4列目の下手ブロック通路横の席である。そこへ落ち着いたところで、開口一番、柳亭市助さんが登場。第一印象、伸びのあるいい声！　と思って調べたら納得。あの美声の市馬師匠のお弟子さんとのこと。落語の稽古をつけてくださった、わたしの師匠でもあるから、勝手に姉弟弟子気分で「狸の鯉」を見守る。

「弟弟子が二ツ目昇進ということで……」と始めたのは、桃月庵こはくさん。「真田小僧」でいじらしくかわいい子供を演じるも、見ていると、年や経験を重ねられたら数年後にすごい色気が出てきそうだと予感させる空気の持ち主だった。

続いて、なんだかほっとする空気を運んできてくれたのは、マギー隆司さん。手品グッズはデパートで買っているって言っちゃうし、ネタ明かしをしちゃうし、もう親近感しかない。そう油断していると、〝おぉ〟とつい声が漏れてしまう手品をしてくれる。でもやっぱり最後に「気持ちは、一生懸命なんです」と言って場を和ませてくれたのは、次に出てくる方に繋げるためだろうか。

緊張と嬉しさとどっちの割合が大きいのか。2022年11月1日に二ツ目昇進、つまり二ツ目になって3日目の桃月庵あられ改め黒酒さん。黒い酒と書いて、〝くろき〟。一体、今どんな気分なのだろうと思ったらまず、「早くもしんどいです〜」とこぼす。その訳は、二ツ目昇進祝いとして、40日間毎日、寄席で高座に上がることになっているのだが、〝毎日ネタを変える〟という課題を自分に課しているからだそう。古いネタや久しぶりにやるネタは、高座の前に思い出して稽古しなければならず大変、とのこと。それにしても3日前まで前座さんだったのに、平気で持ちネタが40はあるというのは驚きだ。

「ぜひ、この頑張りをホメてください。ホメられて伸びるタイプなんです」と入った落語は「牛ほめ」。これは間抜けな与太郎が、父親に教わった通りに伯父さんの家や牛をホメようとするが、とことんうまくいかない——という噺だが、黒酒さんの落語を聴いているだけで幸せな気持ちになれる。与太郎みたいな軽やかな人物はもちろん、きっと隠居さんのような貫禄も見事に演じられそうだから、これは40日間とは言わないまでも、さまざまな噺を聴いてみたいと思わされた。そしてどこかでぜひホメたいところだ。

「ご祝儀5000円で一生感謝される。だから贔屓にするなら、ぜひ噺家を」と、歌舞伎の市川團十郎襲名の話題を出しながら、三遊亭金朝師匠は笑いを誘う。そして勢いのある「反対俥《ぐるま》」を披露。落語には珍しく、体力を必要とする噺だ。息が上がってきた金朝師匠も落語の途中で、「やり納めかな……」とボソッとおっしゃっていて、客席はより沸いた。

ちょうどこの数日前に、NHK新人落語大賞で林家つる子さんが同じ噺を披露されていたのを思い出した。演者によって個性が出る落語なのだなと改めて思うと同時に、きっと人力車が一般的だった当時、俥によって個性があったからこういう落語が生まれたんだろうなと、いつの間にかスケール大きく落語を観ていた。

江戸に思いを馳せていたところで登場したのは、黒酒さんと同じタイミングで年季明けした紙切りの林家八楽さんだ。初めましてだったのだけど、好印象。

「ニヤニヤが止まんないね、すっごい楽しいね！」

こんなにストレートに嬉しさを言葉にする方も珍しいが、年季明けして、お囃子さんの演奏をバックに紙切りできる喜びが全身から溢れ出ている。ニヤニヤしながら、文金高島田、客席からのリクエストで七五三、チャップリン、そして「東京だョおっ母さん」で二重橋を見ている親子の姿を見事に切り上げた。

フレッシュマンの後は、安定の師匠。橘家圓太郎師匠が「強情灸《ごうじょうきゅう》」を威勢よく演じる。これもNHK新人落語大賞で、入門3年の桂天吾さんが披露されていて記憶に新しい。芸歴が全然ちがう二人の芸、それぞれの見え方が全く異なり新鮮だった。若さゆえの痩せ我慢のおもしろさと、年齢を重ねているからこその譲れない強情さの可笑しみ。でもやはり圓太郎師匠の、顔を真っ赤にして堪えている様子はさすがだった。一緒に熱々のお灸を我慢しているような気分になっていた。

男同士の意地の張り合いの噺を引き継いで、古今亭文菊師匠が「権助提灯」で女の意地の張り合いを見せる。文菊師匠演じる女性に魅せられた。おかみさんと妾さんの、表面上の言葉や表情とは裏腹な、どろっとした嫉妬心が、どこからともなく漏れ出てくるような表現が絶妙。そしてその二人の本心が分からないで、言葉をストレートに受け止めてしまう旦那が堪らなく素敵だった。もちろん権助も愛らしく、つまり最後には、この噺の登場人物全員を好きになっていた。

漫才で登場されたニックスのお二人もとてもチャーミングだった。姉妹でコンビを組んでもうすぐ25年とのこと。息の合った掛け合いの中で、途中から妹のトモさんが「そうでしたかぁ〜」と姉のエミさんをいなしていくのが面白い。お二人のころころ変わる表情から目が離せなくて、客席がさらに和むのが分かった。

そして古今亭菊志ん師匠の圧倒的陽のオーラで、さらに客席が明るくなる。女性の笑い声は明るくて、客席に女性が多いと噺家もうれしいという話をされる。「噺の中でも女性が出てくると色気が出るっていうものですが……」と始まったのは、「野ざらし」。ある日、向島で釣りをしていたら頭蓋骨を釣ってしまって供養したところ、夜に美しい女性の幽霊がお礼に来てくれた。そんな話を八五郎が耳にして、「美人だったら幽霊でも構わない」と向島に骨を釣りに行く——という噺。真剣に考えるとなかなか不気味な内容だが、菊志ん師匠が陽気に演じることによって、骨を釣ろうと奮闘する八五郎が面白くて笑いが止まらなかった。

仲入り後も、ギター漫談のぺぺ桜井さんの登場で早速高座が輝く。実際にきらきらのセットアップのスーツ。袖から出ているフリルのシャツがかわいい。御年87歳で現役。ギターも喋りももちろん独特の間で面白いのだけど、客席を惹きつけているのは、ここまで来たらもう人間力だと思わされる。

人間味が出る、と言ったら落語では酔っ払いの噺だろうか。「替り目」を演じられた古今亭志ん彌師匠。酔っ払いの演じ方が、本当に気持ちのいい酔い方で、お酒を飲みたくなってくる。酔って帰ってきて、家で飲み直す。おかみさんに酒を出させ、つまみまで要求。「つまみ出しな！」「お前さんを？」のやり取りは、この夫婦関係を表していて大好きだ。

続いても、良い夫婦だなとしみじみ。「掛取り」でそう思ったのは初めてだ。大晦日、溜まった借金返済を逃れるために、借金を取りに来た相手に合わせて、狂歌や芝居など、その相手の好きなものをやってうまく帰らせる——。三遊亭歌奴師匠は、そのうちの一つに、「男はつらいよ」の寅さん好きの旦那を登場させ、寅さんと、さくらの夫・博役でパロディが始まる。そこへ、おかみさんがさくら役で乗っかってくるという流れになり、年の瀬の大変な時期をこんなに楽しんで乗り越えられるなんて微笑ましかった。見事、「掛取りの旅に出るよ！　あばよ！」と寅さん気取りのと、旦那はお金も回収せずに帰っていくのだ。

そしてこの日は紙切りから二人目、林家正楽師匠。まずお得意の相合傘を切り、希望者にプレゼント。そして「お客様からの注文を……」と聞こえた瞬間、食い気味に、わたしも声を上げた。

そう、今回こそはお土産を持って帰りたいと思い、頑張って注文してみました。祝日だから競争率高いかなと思い、舞台で鍛えた腹式呼吸で、「寄席！！！」。そしたらなんと一番に切ってくださった。「綺麗なご注文ですね」とおっしゃりながら、座布団の上で話をしている噺家さんと、それを見ているお客さんを。さっきの腹式呼吸はどこへやら、高座の師匠から受け取り、蚊の鳴くような声で「ありがとうございます」とかろうじて伝えられた。「家宝にします」は、自席に戻ってから心の中で……。

興奮状態のまま、トリの古今亭菊丸師匠が登場される。品のある佇まいで、さらりとブラックジョークを言われて、こんなに笑えるって不思議。始まった「短命」にも、ぐいぐいと引き込まれる。美人のおかみさんを持った伊勢屋の主人が次々早くに亡くなってしまい、その訳を隠居さんが八五郎に説明する。直接の艶っぽい描写はないのだが、オブラートに包んで表現することで聴き手に想像させる。そして話を聞いた八五郎が自宅に帰って、おかみさんを見て――という落語なのだが、菊丸師匠演じるこのおかみさんのクセが強くて、客席が沸く。笑い声で満ちた空間がとても心地よかった。

寄席を出たときには、体が少し軽くなっていて、秋の空気をいっぱいに吸い込んだわたしは振り返る。寄席はいつでもそこにあるということが、大きな安心感を与えてくれるのだ。

サゲのかわりに

落語は究極の芸であると私は考える。

わたしの大学の卒業論文は、そんな書き出しで始まる。題して、「落語における名人論」。何を偉そうに、である。ちょっと読み返してみたが、それっぽいことを書き連ねてはいる。ふむふむ、〈映画作品、主に小津安二郎映画や、音楽や絵画などの他の芸術作品と比較しつつ、さまざまな角度から落語における表現を考えた。〉というのは興味をそそる。一体どうやって比較するのか……。書いた当人ですら想像がつかない。

卒論のテーマは入学時にすでに決めていた。そんなふうに、やる気だった割には書いた内容はあまり覚えていないが、卒論に取り組んでいるとき、大変とか辛いとか一度も思わず、終始楽しかったという記憶はある。

好きなことを掘り下げていくのは、楽しい以外の何物でもない。新潮社の月刊誌「波」での3年間の連載中、ネタは尽きなかった。

まだまだ、書きたいことがある。まだまだ、伝えたい落語の魅力がある。そうなのだ、わたしは〝伝えたい〟のである。

連載当初のイメージとしては、もっと落語案内的なものを目指していた。どんな落語があるか、どんな落語家さんがいるか、寄席とはどういう場所なのか、解説する。

〝教える〟と言ったらおこがましいが、これまでの落語との付き合いで培った知識や面白さを、初心者の方向けに紹介しようと思っていた。

もちろんそういったことも書いているけれど、わたしは、「落語が好き」の真っ最中だ。わたし自身もたくさん落語に触れて、新たな世界と出会って、発見していくという日々が続いている。だから結果的に、落語を紹介するという改まったスタンスではなく、最近この落語にハマってるよとか、面白い落語家さん見つけたよとか、ついには落語に挑戦したよ的なシェアスタイルになった。知識や情報はもとより、気持ちやその時動いた心、もっと言えば愛を、友達に話すような感じで〝伝えたい〟と思ったのだ。

落語はとても身近にある。

ここまで読んでいただいたあなたに、そのことを感じてもらえていたら、何よりもうれしい。落語を聴いたことはないけど落語の面白さは知ってます、と言ってもらっても構わない。きっと、落語がきっかけで何か新しい出会いが生まれるはずだ。

わたしは落語がきっかけで、友達もできたし、恋もしたし、〝人生の師匠〟と呼べる人にも出会えた。豊かに、楽しく生きられるようになった。そして今回、「本を出す」という長年の夢をも叶えることができた。

落語に感謝を伝えに今日も寄席に行くと、また誰かに伝えたいことが増えている。

明日も、これからもずっと、寄席に行きたくなるのだ。

初出　「波」２０２０年１月号〜２０２２年12月号

スタイリスト　照井真純
ヘアメイク　高畑奈月
装幀　ニマユマ
撮影　青木 登（新潮社写真部）
撮影協力　浅草演芸ホール
衣装協力　シャツドレス：mintdesigns
電話　〇三-六四五〇-五六二二
ジャケット：M・K　SQUARE
電話　〇六-六五三四-一一七七

今日《きょう》も寄席《よせ》に行《い》きたくなって

発　行　二〇二三年十月三十日
著　者　南沢奈央《みなみさわなお》　漫　画・黒田硫黄《くろだいおう》
発行者　佐藤隆信
発行所　株式会社新潮社
〒一六二-八七一一　東京都新宿区矢来町七十一
電話　編集部　〇三-三二六六-五六一一
　　　読者係　〇三-三二六六-五一一一
https://www.shinchosha.co.jp
印刷所　大日本印刷株式会社
製本所　大口製本印刷株式会社

ISBN978-4-10-355331-1 C0076